문용린의 행복교육

아이의 미래를 결정짓는 새로운 교육 패러다임
문용린의 행복교육

초판 1쇄 발행 2014년 1월 20일
초판 3쇄 발행 2018년 2월 19일

지은이 문용린

발행인 윤새봄 단행본사업본부장 김정현 편집주간 신동해
마케팅 이현은 최준혁 홍보 박현아 최새롬 제작 류정옥

브랜드 리더스북
주소 경기도 파주시 회동길 20
주문전화 02-3670-1595 팩스 031-949-0817
문의전화 031-956-7359(편집), 02-3670-1199(마케팅)
홈페이지 www.wjbooks.co.kr
페이스북 www.facebook.com/wjbook
포스트 post.naver.com/wj_booking

발행처 (주)웅진씽크빅
출판신고 1980년 3월 29일 제406-2007-000046호

ⓒ 2014 문용린, 저작권자와 맺은 특약에 따라 검인을 생략합니다.
ISBN 979-11-85424-02-6 13590

리더스북은 (주)웅진씽크빅 단행본사업본부의 브랜드입니다.
이 책은 저작권법에 따라 국내에서 보호받는 저작물이므로 무단전재와 복제를 금지하며,
이 책 내용의 전부 또는 일부를 이용하려면 반드시 저작권자와
㈜웅진씽크빅의 서면 동의를 받아야 합니다.

이 도서의 국립중앙도서관 출판시도서목록(CIP)은
e-CIP 홈페이지(http://www.nl.go.kr/ecip)에서 이용하실 수 있습니다.
(CIP제어번호 : CIP2014000413)

• 책값은 뒤표지에 있습니다.
• 잘못된 책은 구입하신 곳에서 바꾸어드립니다.

아이의 미래를 결정짓는 새로운 교육 패러다임

문용린의 행복교육

문용린 지음

리더스북

프롤로그 |
이제 교육의 패러다임이
바뀌어야 한다

"교육부장관도 역임하셨고, 현재 서울시교육감으로 재직 중이신데 장관과 교육감 중 어느 쪽이 더 어렵습니까?"

교육감이 된 후 한 언론매체와의 인터뷰에서 받았던 질문이다. 이 질문에 나는 이렇게 답했다.

"교육부장관 시절에는 마치 돈키호테처럼 보이지 않는 유령과 싸우는 것 같은 느낌이었습니다. 하지만 교육감은 살아 움직이는 현장과 싸워야 합니다. 교육부장관을 할 때는 한국의 교육의 전체적인 구도, 즉 큰 그림에 관심을 기울였다면, 지금은 아주 작은 한 가지라도 어떻게 하면 현실적으로 교육의 발전을 도모할 수 있는가에 집중하게 되었습니다."

실제로 교육부장관 시절에는 교육 관련 정책에 포괄적으로 접근했다면, 지금은 보다 구체적이고 현실적인 사안에 치중하게 된다. 현실적인 교육 정책을 펼치려면 무엇보다 현장의 목소리에 귀를 기울여야 한다. 나는 교육감이 되면 적어도 일주일에 2~3곳의 학교를 방문하겠다고 말했고, 지금까지 이를 실천하고 있다. 현장을 찾으면 교육감실 안에서는 알 수 없는 많은 부분을 직접 보고 피부로 깨닫게 된다. 지금 우리 아이들에게 가장 필요한 것이 무엇이며, 이를 위해 초중고 각 단위별 학교에는 어떤 지원을 해야 하는지를 말이다.

교육의 본질을 생각하라

서울시의 학생 수는 120만 명, 학부모는 240만 명, 교원은 8만 명에 이른다. 추구하는 가치관과 처한 환경이 다르니 이들이 내는 교육에 대한 목소리도 각기 다를 수밖에 없다. 학생과 학부모, 교원 수를 모두 합하면 어림잡아도 360만 명이니 350만 개이상의 교육에 대한 가치관과 요구가 있는 셈이다. 이렇듯 교육에 대한 생각이 다양한데, 이런 생각을 모두 교육 정책에 반영하여 펼치기란 현실적으로 불가능하다. 따라서 최선책으로 모두에게 궁극적으로 도움을 주는 교육, 즉 교육의 본질을 찾아 그에 맞는 정책을 펼쳐야 한다.

교육의 본질은 아이를 행복하게 만드는 것이다. 부모들이 아이에게 그토록 바라는 성공도 사실 아이가 행복하게 살기를 바라는 마음에서 비롯된 것이라고 볼 수 있다. 부모들은 아이가 행복해지려면 성공을 해야 한다고 생각한다. '선(先) 성공, 후(後) 행복'을 철썩같이 믿고 현재의 행복을 보류한 채 힘들더라도 지금은 참고 열심히 공부해야 한다고 말한다.

이것이 바로 과거부터 지금까지 이어져 온 '고진감래형' 교육 방식이다. 공부를 잘해야 좋은 성적을 얻고, 성적이 좋아야 좋은 대학에 가고, 좋은 대학을 나와야 좋은 직장을 얻고, 좋은 직장을 얻어야 출세와 부, 즉 성공에 이를 수 있으며, 마침내 행복해진다는 공식을 마치 신앙처럼 믿고 따른다.

하지만 최근 들어 심리학을 비롯한 사회학, 경제학 등 각 분야에서는 성공한 사람이 행복한 것이 아니라, 행복한 사람이 성공에 이른다는 사실을 연이어 밝혀내고 있다. 버클리대학 정책대학원 로버트 라이시(Robert Reich) 교수는 현대의 역동적인 경제 활동이 부를 증가시키기는 하지만 이로 인해 사회적 안정성이 떨어지고 나아가 개개인의 행복 혹은 불행에 관한 문제를 불러올 것이라고 말했다.

그의 주장에 따르면 돈이 많을수록 돈 구매력은 증가하는 반면 행복 구매력은 떨어진다고 한다. 쉽게 말해 돈이 있는 사람은 돈에 더욱 욕심을 내기 때문에 삶의 질이나 행복을 추구할 기회 등을 오히려 잃게 되고, 급기야 돈만 바라보는 '부유한 노예'로 전락하게 된다는 것이다.

긍정심리학을 연구하는 캘리포니아대학 소냐 류보머스키(Sonja Lyubomirsky) 교수는 성공이 행복의 결과물이 아니며, 일상에서 행복한 삶을 영위하는 사람이 업무 능력도 좋고 어려운 과제가 놓여도 문제를 창의적으로 해결하여 결국 높은 성과를 창출한다고 말했다. 이른바 긍정적 정서로 행복감이 높은 사람들이 그만큼 성공할 가능성이 높다는 것이다.

그들의 주장은 한결같다. 물질적 풍요나 출세가 결코 행복에 이르는 지름길이 아니며, 결과물이 아니라 현재진행형으로의 행복이 오히려 성공을 불러오고 삶을 풍요롭게 한다는 것이다. 또한 이를 위해 어릴 때부터 행복감을 자주 경험케 하여 행복을 습관화해야 한다고 강조한다. 고기도 먹어 본 사람이 많이 먹는다는 속담처럼 행복도 자주 경험하고 훈련하여 체화(體化)해야 한다는 것이다. 바꿔 말하면 현재를 즐기고 원하는 길을 개척하며 행복을 체험한 아이가 미래에 더 성공적인 삶을 영위한다는 의미이다.

그래서 우리의 고진감래형 교육 방식이 추구하던 '선 성공, 후 행복'이라는 공식은 이제 재검토되어야 한다. 이제라도 우리의 교육은 '미래의 행복을 위해 성공을 가르치는 것'이 아니라 '현재의 행복을 가르쳐 성공을 불러오는 것'으로 재정립되어야 한다.

아이에게 행복을 가르친다는 것은 아이로 하여금 꿈, 희망, 비전을 갖게 하여, 이를 이루기 위한 열정과 노력을 마음껏 펼치도록 이끌어 주고 도와주는 것이다. 그로 인해 아이가 능동적으로 행복한 삶을 만들어 갈 수 있도록 해야 한다. 이것이 바로 '행복 교육'의 핵심이다.

체험을 통해 아이 스스로 꿈꾸게 하라

행복교육의 핵심은 꿈과 희망이다. 꿈과 희망이 있는 아이는 어떤 어려움이 닥쳐도 긍정적이고 낙관적인 태도로 문제에 도전한다. 한 번 실패했다고 해서 좌절하지 않는다. 꿈과 희망이 다시 일어서게 하는 원동력이기 때문이다.

또한 모든 아이에게는 땅속에 묻혀 있는 금맥처럼 숨은 재능이 있다. 곡괭이로 금맥을 캐듯, 적절한 자극이 주어진다면 미처 발현되지 못한 아이 안의 숨은 재능이 모습을 드러낼 것이다. 그 적절한 자극이란 '원하는 것을 잘 하도록' 하는 경험이다. 따라서 아이가 가진 끼를 찾아 그것이 꿈으로 이어지도록 도와주는 것이 바로 교육의 몫이며, 이것이 곧 행복교육이다.

이러한 행복교육을 위해서는 기존 교육 방법이 개선되어야 한다. 지금 우리의 교육은 가르쳐서 집어넣는 '티칭[외우기: teaching]'에 머무르고 있다. 이제 학생 혼자 배우도록 하는 '러닝[배우기: learning]'이 보강되고, 나아가 아이 스스로 생각해 답을 찾는 '싱킹[생각하기:thinking]'으로 변화되어야 한다.

아이가 능동적으로 '러닝'과 '싱킹'을 하게 하려면 학생들을 더 이상 교실과 학교 담장 안에 가둬 두어서는 안 된다. 학교 안에서 배우고 경험하는 데에는 한계가 있다. 빠르게 변하는 세상에 대한 대응력과 자신의 숨겨진 끼를 찾는 직접적인 경험, 꿈을 바탕으로 한 비전 수립 등은 책상 앞에 앉아서 배울 수 없는 것들이다. 교과 수업만으로는 해결되지 않는, 무엇보다 현실적이며 살아있는 교육, 이론이 아닌 체험의 교육이 필요하다.

인성교육을 통한 진정한 행복 가르치기

공부 잘하는 학생은 무수히 많다. 하지만 뛰어난 도덕적 품성과 능력을 가진 학생은 많지 않은 것이 현실이다. 인성이 부족한 아이는 미래 사회에서 성공하기 어렵다. 오늘날과 같이 급변하는 세상에서 지식보다 중요한 것이 바로 인성이기 때문이다. 지식은 하루만 지나도 옛것이 되지만 인성이나 인성을 대하는 사람들의 가치관은 변하지 않는다. 즉, 인성은 예부터 지금까지, 또한 미래에도 변하지 않을 사람의 진정한 가치이다.

미국 《포춘》이 선정한 '일하고 싶은 100대 기업'을 분석하면, 그중 3분의 1이 서번트 리더십(servant leadership)을 도입했음을 알 수 있다. '서번트 리더(servant leader)'란 바람직한 품성과 인성을 갖춘 리더를 말한다.

사회는 혼자만 살아갈 수 없다. 타인과의 소통을 통해 인간관계가 형성되고, 그 인간관계가 살아가는 밑거름이 된다. 긍정심리학의 창시자 마틴 셀리그만(Martin Seligman)은 인간관계가 행복한 삶을 살아가게 하는 중요한 요소 중 하나라고 말한다. 긍정적인 인간관계의 형성은 타인의 행복과 함께 자신의 행복으로 귀결된다는 것이다. 결국 내가 행복해지려면 나뿐만 아니라 타인의 행복도 함께 생각해야 한다. 아이에게 성공적인 삶을 선물하기 위해 가변의 가치인 지식이 아니라 불변의 가치인 인성을 가르쳐야 하는 이유도 여기에 있다.

행복한 교사가 행복한 아이를 만든다

현장을 찾다 보면 희망과 실망을 동시에 느끼게 된다. 청각장애인 학교인 '서울애화학교'에 갔더니 수녀 두 분과 40여 명의 교사가 장애 학생들을 돌보느라 여념이 없었다. 일반 학생도 아니고 장애 학생들을 보살피고 가르친다는 것이 힘들어 불평불만을 늘어놓을 법도 한데, 그들은 불평불만은커녕 활기가 넘쳤다. 그 모습에서 '교사의 본분이란 이런 것이구나.' 하는 생각이 들었다. 또한 밤늦은 시간까지 부모님이 맞벌이를 하거나 가정 형편이 어려운 아이들을 돌보는 '돌봄교실'을 방문했을 때에도 벅찬 감동을 느꼈다. 이렇게 묵묵히 애쓰는 분들을 만날 때면 희망을 느끼게 된다.

반면 최근 교권의 추락으로 인해 교사로서의 정체성과 사명감을 잃고 교사를 하나의 직업적 수단으로만 보는 사람들을 만나기도 한다. 교사직을 직업적으로 수행하는 모습을 대하면 교사로서의 정체성이나 사명감을 찾기 어렵다. 하지만 그들의 말을 들어보면 실망감보다 안타까움이 앞선다. 아이들에게 마음을 담아 무엇을 하려고 해도 성적 향상만 지향하는 분위기 탓에 시도해 볼 엄두가 나지 않고, 과도한 행정 업무 때문에 아이들과 면담할 시간조차 나지 않는다는 것이다. 무엇보다 학원 학습 등 사교육을 우선시하는 풍조가 확산되어 그나마 교사로서의 효능감마저 느끼지 못한다고 한다.

실제로 OECD 가입국 및 협력국을 대상으로 진행된 'TALIS 2008 교수-학습 국제조사(Teaching and Learning International Survey 2008)'에서 우리나라 교사의 자기 효능감은 23개국 중 최하위에 머물렀다.

"스승의 그림자는 밟지도 마라."라는 선현의 가르침은 옛말이 된 지 오래이다. 교사에 대한 예우와 존경은 더 이상 찾아보기 어렵다. 학생들에게 강요한다고 하루아침에 교사에 대한 존경심이 생길 리 만무하다. 또한 교사 역시 진심으로 아이들을 이끌어 줄 풍토가 형성되어 있지 않은 교육 현실에서, 진실된 사제 관계가 형성될 수는 없다고 말한다.

하지만 학생들에게 행복한 배움의 터가 필요하듯, 교사들에게도 행복한 가르침의 터가 필요하다. 교사가 불행하면 학생들은 행복한 배움터를 잃게 된다. 아이들이 행복한 교육을 받을 수 있으려면 교사가 행복해야 한다. 이를 위해 다시 생각해 봐야 할 것이 올바른 교권의 정립이다. 교권에 대한 이야기를 할 때면 지나친 체벌과 교사의 자질이 먼저 화제에 오른다. 하지만 교육 일선에서 아이들을 가르치는 교사들은 이와는 반대로 상대적 박탈감에 대해 이야기한다. 처음 교사가 되었을 때는 올바른 교육을 하겠다는 마음가짐으로 교단에 섰지만 시간이 지나면서 이상만으로는 해결할 수 없는 여러 가지 문제에 부닥쳐 의욕을 상실하고 말았으며, 아이들을 대할 때도 마음이 앞서기보다 기계적으로 대하게 된다는 것이다.

그래서인지 일선 교사들에게 '행복교육'에 대해 이야기하면 그들은 선생을 위한 행복교육도 필요하다고 말한다. 교사가 행복하지 않은데 어떻게 아이들에게 행복교육을 시킬 수 있느냐는 것이다.

행복은 전염성이 강한 감정이다. 행복한 상태에서 학생을 지도해야 아이들에게 진실된 행복이 전달될 수 있다. 만약 교사가 불행하다면 아이들에게 가르치는 행복교육은 그저 지식을 전달하는 탁상공론에 그칠 수밖에 없을 것이다.

교권을 다시 세운다는 것은 교사의 권위를 세워 물리력을 행사하게 한다는 말이 아니다. 교사 스스로 자긍심을 찾고 신나게 아이들을 가르칠 수 있는 터전을 마련한다는 의미이다. 이는 결국 아이들을 위한 행복교육과 연결된다.

모두가 행복한 행복교육 도시를 꿈꾸며

학교 교육의 목적 중 하나는 사회가 필요로 하는 사회 구성원을 키우는 것이다. 학생들을 사회가 원하는 좋은 인재로 키우려면 학교를 넘어 사회 전체가 학교가 되어야 한다. 앞서 말했듯, 아이들의 행복을 위한 교육은 학교 담장 안에서 실현되기에 한계가 있기 때문이다.

인디언 속담 중 "한 아이를 키우려면 온 마을이 필요하다."라는 말이 있다. 자라나는 아이들에게 꿈과 희망을 주려면 마을 단위의 관심과 정성이 필요하다는 말이다.

그래서 나는 사람들을 만날 때마다 이렇게 이야기하곤 한다. "학교 담장을 낮춰 시민들이 언제든지 학교 안으로 들어와 가르치며 배우고, 학생들은 학교 밖으로 나가 체험·공부·봉사하며 자신들의 꿈과 끼를 마음껏 키울 수 있어야 한다."

즉, 학교가 더 이상 외로운 섬이 아니라 모든 시민의 소통의 장이 되어야 하고, 사회는 "내 꿈은 무엇일까?", "앞으로 나는 무슨 일을 하며 살까?" 하는 아이들의 물음에 직접 답을 주는 학교 밖의 학교가 되어야 한다는 것이다. 사회가 가진 수많은 학습 자원이 아이들을 위해 쓰일 때의 효과는 생각보다 크다. 아이들에게 진로 체험의 현장을 제공하는 것은 물론, 인생의 멘토를 만나는 기회를 주게 되고, 나아가 이것이 학습 동기가 되어 정체된 학교 교육에 새로운 활력소가 될 것이다. 또한 사회가 교육의 장으로 거듭나 범사회적인 교육 네트워크가 형성되면, 학교만 졸업하면 끝나는 교육이 아니라 평생학습의 문화도 자리 잡을 수 있을 것이다.

이제 더 이상 교육은 학교와 교사만의 책임이 아니다. 모든 지역사회가 교육의 터전이 되어야 한다. 전 사회가 협력하여 '어디나 학교, 누구나 선생님'이 될 때, 모두가 행복한 행복교육 도시가 완성된다.

때론 평생을 교육학자로 살아온 내가 실질적인 정책을 펼쳐야 하는 교육감의 역할을 수행할 수 있는가에 대해 묻는 이도 있다. 이론과 실제에서 오는 괴리를 줄일 수 있느냐는 우려의 목소리이다. 이런 말을 들을 때마다 나는 이야기한다.

"나는 교육에 있어서는 이상주의자이다. 교육에 대한 나의 이상은 학생과 학부모, 교사가 행복해지는 교육이다. 하지만 현실이 배제된 이상은 망상에 지나지 않는다. 나는 현장을 만나고 그들과 호흡하며, 행복교육이 이룰 수 있는 이상이라는 믿음을 얻었다."

나는 이상주의자이지만 현실적 이상주의자이다. 교육학자라면 이상을 버려서는 안 된다. 자라나는 아이들에게 꿈과 이상을 심어 주는 것이 교육의 기본 목표인데, 학생들에게 꿈과 희망을 가르치는 사람이 꿈과 이상이 없다면 어떻게 제대로 된 교육을 실현할 수 있겠는가.

교육에 대한 나의 이상은 학생, 학부모, 교사가 행복해지는 교육이다. 나는 교육을 연구할 때부터 교육을 실천하는 지금까지

'모두가 행복한 행복교육의 완성'이라는 이상을 품고 있다. 아이의 현재가 행복한 교육, 아이들을 이끄는 교사와 학부모가 행복한 교육, 아이가 나고 자라는 이 사회가 행복한 교육도시로 거듭나는 교육, 그리하여 모두가 행복한 '행복교육'이 실현되기를 소망한다.

2014년 1월
이우(以愚) 문용린

| 차례 |

프롤로그 | 이제 교육의 패러다임이 바뀌어야 한다 · 5

1장: 행복이란 무엇인가

:: 사람은 누구나 행복을 원한다 · 23
:: 행복에 대한 새로운 이해 – 풍족한 삶을 살기 위한 '웰빙 이론' · 32
:: 인생에서 가장 필요한 마음의 웃음 – 긍정적 정서 · 41
:: 진정한 충족감을 주는 원동력 – 생산적 몰입 · 52
:: 사람은 사람으로 인해 행복하다 – 긍정적 인간관계 · 59
:: 의미 있는 목표를 추구하라 – 긍정적 존재감 · 68
:: 행복한 성취주의자로 살아가기 – 자아실현적 성취 · 78

2장: 새로운 교육 패러다임, 행복교육

:: 고진감래형 교육관의 허와 실 · 89
:: 행복교육이 필요한 이유 · 96
:: 행복교육이 불러오는 40%의 기적 · 105
:: 아이 스스로 행복을 느끼게 하려면 · 111

3장: 모두가 행복한 교육을 위하여

:: 대한민국의 교육도 바뀌어야 한다 · 125

:: 아이에게 다양한 경험을 제공하라 · 133
:: 인성이 경쟁력이다 · 142
:: 총체적 능력 배양의 열쇠 독서교육 · 149
:: 신나는 교육을 위한 제1조건, 교권의 재정립 · 155
:: 모두가 행복한 교육 세상 · 161
무엇이든 물어보세요 | 행복교육에 대하여 · 167

4장. 학교 밖의 학교, 행복한 교육도시 만들기

[진로체험]
:: 20년 후 청사진을 그리게 하는 진로체험교육 · 179
:: 아이 스스로 끼를 찾게 하라 · 185
:: 일반고의 위기를 극복할 방법 · 191
무엇이든 물어보세요 | 진로 및 체험 활동에 대하여 · 201

[인성교육]
:: 미래형 인재를 육성하기 위한 인성교육 · 215
:: 인성교육을 이루는 여섯 가지 덕목 · 223
:: 아이의 행복을 먼저 생각하라 · 230
:: 실천하며 배우는 인성 습관 · 233
:: 건강도 인성의 기본 덕목이다 · 237
무엇이든 물어보세요 | 창의적 인성교육에 대하여 · 241

[독서문화 만들기]
: : 성장기 아이들이 책을 읽게 하려면 · 249
: : 책 읽는 즐거움을 일깨워 줄 독서문화 만들기 · 254
: : 독서문화 정립을 위해 우리가 해야 할 일 · 260
무엇이든 물어보세요 | 독서문화 형성에 대하여 · 264

[사회가 함께하는 학습공동체]
: : 학교 담장을 넘어 또 다른 학교 찾기 · 271
: : 학부모 참여로 행복교육이 완성된다 · 278
무엇이든 물어보세요 | 교육복지 및 학습공동체에 대하여 · 282

[교권회복]
: : 교사가 행복해야 학생도 행복하다 · 293
: : 교사에게 필요한 것은 전문성과 자부심이다 · 299
: : 교사와 학생이 함께 가는 교육 · 304
무엇이든 물어보세요 | 올바른 교권에 대하여 · 309

사람들은 삶의 궁극적인 도착점이 행복이라고 생각한다.

하지만 행복은 인생의 결과물이 아니라 삶을 살아가는 과정 그 자체이다.

또한 성공을 통해 행복을 얻는 것이 아니라,

행복한 삶을 통해 성공에 이르는 것이다.

행복이란 무엇인가

1장

사람은 누구나 행복을 원한다

"많은 사람이 보이는 모든 행동과 기꺼이 견뎌내는 모든 일에 숨어 있는 동기는 어떻게 행복을 얻고, 유지하며, 회복할 것인가 하는 것이다."

– 윌리엄 제임스(William James)

윌리엄 제임스는 사람들의 모든 행동을 유발하는 동기가 행복이라고 말했다. 그 행동이 부를 얻기 위한 것이든, 명예나 존경을 추구하는 것이든, 사람을 사랑하는 것이든 상관없이 행복이라는 동기가 있기 때문에 가능하다는 것이다. 비단 그의 말을 빌리지 않더라도 사람은 누구나 행복을 추구하며 살아간다.

행복에 대해서는 기원전부터 오늘날까지 수많은 사람들이 연구를 거듭해 왔다. 고대철학에서 현대철학까지, 특히 철학적 관점의 연구가 활발하게 이어져 왔다. 아리스토텔레스는 행복을 '도덕적인 가치의 실현을 통해서 얻어지는 기쁨'이라고 정의했고, 러셀은 '자기가 이루고자 하는 기대와 꿈을 실현하거나 성취했을 때 발생하는 즐거운 느낌'이라고 정의했다. 십수 년간 심리학적 관점에서의 행복 연구가 진행되고 있는데, 긍정심리학의 대가 일리노이대학의 에드 디너(Ed Diener) 교수는 행복을 '주관적 안녕감(subjective well-being)'이라고 정의했다. 그는 "한 사람이 자신의 삶의 질에 대한 전반적인 평가가 얼마나 긍정적인가"가 행복에 주요한 역할을 하며, 긍정성이 높을수록 더 행복한 상태에 있다고 설명한다.

이렇듯 '행복'에 대한 가치와 정의는 한 시대가 추구하는 가치에 따라 혹은 어떠한 관점에서 해석하느냐에 따라 다양한 정의가 내려진다. 하지만 행복에 대해 어떤 해석이 내려지든 그와 상관없이 변하지 않는 분명한 사실이 하나 있다. 그것은 사람이라면 누구에게나 행복해지고 싶은 마음이 존재한다는 것이다.

행복에 관한 착각

사람이라면 누구나 행복을 원하지만 모든 사

람이 행복하지는 않다. 불과 50년 전만 해도 하루 끼니 걱정을 했지만, 이제는 먹을 것이 넘쳐 비만이 사회 문제가 되기에 이르렀다. 자동차 수는 이미 천만 대를 넘어섰으며, 남녀노소 할 것 없이 최신형 휴대전화를 가지고 있다. 앉은 자리에서 지구 반대편의 소식을 전해 들을 수 있을 만큼 문명도 발전했고 그만큼 삶도 편리해졌다. 생존 자체가 관건이었던 반세기 전과 비교해 보면 적어도 행복한 사람이 늘었거나 최소한 줄지는 않았어야 마땅하다. 하지만 현실은 어떠한가. 그 어느 때보다 풍요로운 시대인데 그 어느 때보다 사람들은 불행하다.

한 조사에 따르면 50년 전과 비교해 우울증에 걸린 사람의 수가 10배 늘었다고 한다. 발병 연령 또한 30세에서 15세로 낮아졌다. 우울한 삶을 살거나 심지어 자살까지 생각하는 사람이 점점 늘고 있다.

마틴 셀리그만(Martin Seligman)은 우리가 우울증에 걸리는 이유를 현대성, 즉 우리가 '번영'이라고 잘못 부르는 것에서 온다고 했다. '이스털린의 역설(Easterlin's paradox)'이 이를 잘 설명해 준다. 이스털린의 역설은 미국의 경제사학자 리처드 이스털린(Richard Easterlin) 교수가 주창한 이론으로 "소득이 어느 정도 높아지면 행복도가 높아지지만, 일정 시점이 지나면 행복도가 더 이상 증가하지 않는다."는 것이 핵심이다.

이스털린 교수는 1946년부터 1974년까지 30개국을 대상으로 국가의 소득과 국민의 행복도의 상관관계를 조사했다. 그 결과 소득이 높아지면 행복도도 증가하지만 일정 시점을 지나면 소득이 증가해도 행복도에 변화가 없음을 발견했다.

아래 그래프는 미국의 시대별 개인 평균 소득과 행복의 상관관계를 나타낸 것이다. 1955년 1만 달러 이하였던 평균 소득이 2005년 2만 달러를 훌쩍 넘었지만 매우 행복한 사람의 비율은 늘지 않았다.

로버트 라이시(Robert B. Reich) 교수는 《부유한 노예(The future of success)》에서 앞으로의 사회는 사회 구성원들을 부유한 노예로 만들 것이라고 경고했다. 그는 앞으로 생산직이 감소

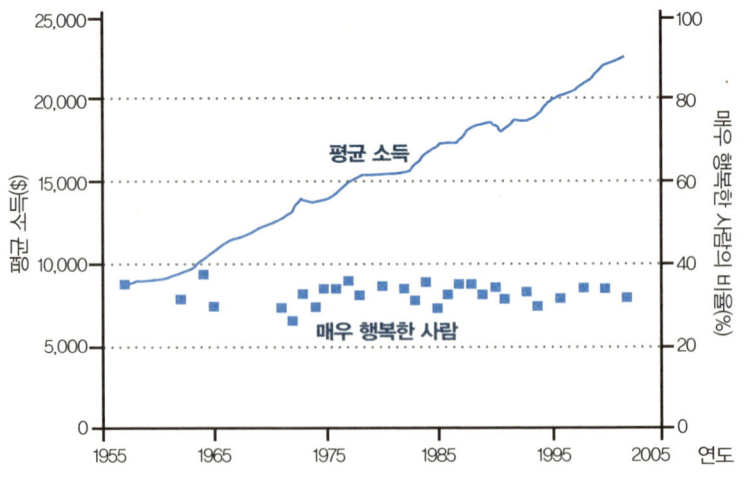

미국인의 시대별 개인 평균 소득과 행복의 상관관계

하고, 경쟁의 압박이 심해지며, 신의가 없어지는 사회가 도래할 것이라고 예측했다. 또한 이러한 사회적 흐름을 타고 개인의 삶도 급격하게 변화한다고 했는데, 경쟁의 압박이 심해지면서 근무 시간은 증가하고, 가족은 줄어들며, 계층의 분류도 생길 것이라고 했다.

이와 함께 역동적인 경제 활동이 사회의 전체적인 부는 증가시키지만 사회적 안정성은 떨어뜨리고, 나아가 개개인의 행복 혹은 불행에 대한 문제가 야기될 것이라고 했다. 그의 주장에 따르면 돈이 많을수록 돈 구매력은 증가하는 반면 행복 구매력은 떨어진다는 것이다. 쉽게 말해 돈이 있는 사람은 돈에 더 욕심을 내기 때문에 삶의 질이나 행복을 추구할 기회 등을 오히려 잃게 되고 급기야 돈만 바라보는 '부유한 노예'로 전락하게 된다는 것이다.

'부'가 삶의 질을 높여 주는 것은 분명하다. 하지만 '부'를 축적해도 행복한 삶이 아닌 '부의 노예'로 전락한 삶을 살 수 있다. 우울증 환자가 점점 늘어나는 이유 역시 행복은 '부'만으로 해결되지 않기 때문이다.

행복에 대한 관점 바꾸기 : 행복한 사람이 성공한다

심리학자인 소

냐 류보머스키(Sonja Lyubomirsky)는 행복과 성공에 대해 이렇게 말한다.

"행복한 사람들은 결혼생활이나 우정, 수입, 건강 등 다양한 영역에서 성공적인 삶을 살고 있다."

소냐 류보머스키의 말은 행복과 성공적인 삶을 바라보는 관점에서 이전과는 다른 양상을 보인다. 우리는 일반적으로 행복을 '성공적인 삶의 결과물'이라고 생각했다. 이른바 '선(先) 성공, 후(後) 행복'이다. 하지만 소냐 류보머스키는 이와는 정반대로 '선 행복, 후 성공'을 주장한다.

그녀의 주장대로라면 행복은 삶의 도착점이 아니라 시작점이다. 또한 단순한 정서적 가치가 아니라 실질적 혜택이 따른다(검증되지 않은 정서적 가치는 추론에 지나지 않을 수 있기 때문에 행복이 삶에 혜택을 준다는 검증된 가치가 필요하다).

그렇다면 행복이 어떻게 우리의 삶에 실질적 혜택을 주는지 살펴보아야 한다. 그 안에 우리가 행복해져야 하는 이유가 담겨 있기 때문이다.

류보머스키와 디너는 〈빈번한 긍정정서의 효과 : 행복이 성공을 가져올 수 있는가?〉(《Phychologycal Bullentin》 131, pp. 803~855, 2005)라는 논문에서 행복이 삶에 주는 긍정적인 효과에 대한 몇 가지 연구 사례를 소개했다.

사례 1. 업무 수행 능력

▶1단계 : 정부 공무원(대부분 남성, 평균 연령 45세, 근속 기간 17년)의 행복도 측정

▶2단계 : 3년 6개월 후 부서 관리자가 아래 항목에 대한 전반적인 업무 수행 능력을 평가함
  - 실용적인 아이디어를 제공함
  - 성과에 대한 목표 수준이 높음
  - 상사의 지시와 피드백에 주의를 기울임
  - 타인과의 협업 능력이 뛰어남

▶결과 : 관리자들은 행복도가 높은 직원이 모든 항목에서 더 우수하다고 평가함

[출처 : Wright, T. A. and Staw, B. M., 〈감정과 긍정적 업무 결과 : 행복하면서 생산성이 높은 근로자의 업무 능력에 대한 두 개의 종단 검사〉, 《Journal of Organizational Behavior》 20, pp. 1~23, 1999]

사례 2. 감기 바이러스 연구

▶건강한 지원자들의 행복도(긍정적인 감정 유형) 측정

▶감기를 유발하는 리노바이러스를 투여

▶실험 방법 : 피실험자들을 5일간 격리하고 1개월간 경과를 모니터링함

▶결과 : 행복도가 높은 지원자들은 감기에 걸리는 확률이 더 낮

았음

[출처 : Cohen, S., Doyle, W. J., Turner, R. B., Alper, C. M., and Skoner, D. P., 〈감정적 유형과 감기에 대한 취약성〉, 《Phychosomatic Medicine》 65, pp. 652~657, 2001]

사례 3. 창의력 테스트

▶1단계 : 참가자 일부에게 행복한 분위기 조성

▶2단계 : 창의력 테스트 진행

▶결과 : 행복하다고 느끼는 사람들은 기분이 보통인 사람보다 창의력이 더 높게 나타남

[출처 : Estrada, C., Isen, A. M., and Toung, M. J., 〈긍정 정서가 창의적인 문제 해결 능력 향상 및 의사의 업무 만족도의 원천에 미치는 영향〉, 《Motivation and Emotion》 18, pp. 285~299, 1994]

류보머스키와 디너는 이러한 사례를 기반으로 행복한 사람들은 다음과 같은 패턴을 보인다고 주장했다.

▶직장에서 생산성이 더 높고 더 창의적이다.

▶소득이 더 높고 더 좋은 직업을 가지고 있다.

▶리더십과 협상 능력이 탁월하다.

▶결혼을 하거나 만족스러운 결혼생활을 할 가능성이 더 높고, 이혼할 가능성이 더 낮다.

▶친구가 많고 사회적 지지도 더 많이 받는다.

▶면역 체계가 더 강하고, 신체적으로도 더 건강하며, 장수한다.

▶다른 사람들을 돕고자 하며 인정이 더 많다.

▶스트레스나 트라우마에 대한 대처 능력이 더 뛰어나다.

행복해지고 싶다는 갈망에 대한 해답은 행복에 대한 관점을 바꿀 때 비로소 찾을 수 있다. 많은 사람은 행복이 삶의 궁극적인 도착점이라고 생각한다. 하지만 행복은 인생의 결과물이 아니라 삶을 살아가는 과정 그 자체이다. 또한 성공한 삶을 통해 행복을 얻는 것이 아니라 행복한 삶을 통해 성공을 이루는 것이다.

앞서 말한 대로 사람은 누구나 행복을 원하고 행복을 삶의 목표로 삼아 살아가고 있지만 이를 이루는 사람은 많지 않다. 그 이유는 행복에 대한 명확한 정의 그리고 이에 이르는 방법을 제대로 알지 못하기 때문이다. 따라서 많은 사람은 실제로 행복을 추구하는 방법에 있어 잘못된 길을 가고 있다. 어쩌면 제대로 된 노력조차 못하고 있는지도 모른다.

물질적 풍요와 성공이 행복에 이르는 지름길은 아니다. 그렇다면 우리가 놓치고 있는 것은 무엇인가.

행복에 대한 새로운 이해
풍족한 삶을 살기 위한 '웰빙 이론'

　마틴 셀리그만은 '어떻게 하면 행복한 삶을 살 수 있을까?', '어떤 인생이 최고의 인생인가?', '어떻게 하면 행복해질 수 있는가?'에 대한 연구에 초점을 맞춘 긍정심리학의 창시자이다. 30년 동안 우울증 치료에 전념하던 그는 1998년 미국심리학회에서 "심리치료(이미 발병한 우울증을 약물 및 상담 등으로 치료하는 차원)에서 벗어나 보편적인 인간이 과연 어떻게 보다 행복한 삶을 이룰 수 있는가에 연구의 초점을 두어야 한다."고 주장하며 긍정심리학이라는 용어를 처음으로 사용했다. 그로 인해 '불행'이 아닌 '행복'에 초점을 맞춘 심리학 연구가 시작되었다고 할 수 있다.

그는 행복한 삶을 이루는 여러 요소를 연구했는데, 대표적인 요소로 '긍정적 정서', '몰입', '의미'를 꼽았다. 우선 긍정적 정서를 가지고 있는 사람이 부정적 정서를 가지고 있는 사람보다 행복한 삶을 영위한다고 했다. 또한 몰입은 자신이 가지고 있는 최대 강점을 활용하여 무아지경의 즐거움을 느끼게 한다고 했다. 마지막으로 의미는 살아가는 데 목적을 부여하는 행복의 요소라고 했다.

초기 긍정심리학에서는 위의 세 가지 요소를 기반으로 삶의 만족도 증가를 중점적으로 연구했으며, 삶의 만족도가 행복과 직접적인 연관이 있다고 생각했다. 하지만 연구가 진행되면서 여러 행복 연구가들은 긍정적 정서, 몰입, 의미만으로는 행복을 제대로 설명할 수 없다고 지적했다. 위의 세 가지 요소가 삶의 만족도를 높이는 핵심 요소임에는 분명하지만 여기에는 타인과의 관계가 배제되어 있으며 승부, 승리, 성취감이라는 인간의 본능이 결여되어 있다는 이유에서였다.

이러한 과정을 겪으며 마틴 셀리그만은 이전의 행복론에서 한층 더 나아간 '웰빙 이론'을 제시했다. 앞서 말했듯 초기 긍정심리학에서는 '행복'이라는 주제로 삶의 만족도를 증가시키는 방법을 찾는 것이 주된 연구였다. 하지만 당시의 연구는 삶을 거시적이고 개괄적인 관점에서 보지 않고, 행복이라는 감정 자체에만 치중했던 것이 사실이다. 또한 행복의 측정 기준에서 후천적 요소 외에 인간의 본성이 결여되었다는 한계를 지니고 있었다. 이후의 긍정심리학에서는 행복을 넘어, '어떻게 잘 살 것인가?(웰빙)'에 대한 실질적인 연구가 진행되었다.

그는 삶의 만족도 측면에서 해석한 기존의 행복론을 '웰빙'으로 발전시키는 가운데 '플로리시(flourish)'라는 말을 썼다. 플로리시란 말 그대로 '번영'을 뜻하는 것으로, 개인의 삶은 물론 개인이 구성원인 기업과 사회가 풍족한 가운데 번성하는 것을 말한다. 플로리시의 증가가 곧 웰빙으로 이어진다는 것이 그의 주장이다.

또한 그는 행복을 위해서는 웰빙의 실천이 중요하며 이를 위해 웰빙을 가능케 하는 요소를 알고 이를 실천에 옮기는 것이 중하다고 한다. 그렇다면 플로리시, 즉 웰빙을 가능케 하는 요소는 무엇인가?

웰빙을 이루게 하는 다섯 가지 요소

앞서 말했듯 마틴 셀리그만은 긍정심리학의 주제는 행복이고, 삶의 만족도가 행복을 측정하는 황금 기준이며, 목표는 삶의 만족도를 높이는 것이라고 생각했다. 그런데 지금은 긍정심리학의 주제가 행복을 넘어 웰빙이며, 웰빙을 측정하는 최선의 기준은 플로리시라고 말한다.

이제 마틴 셀리그만은 '행복'이 아닌 플로리시한 삶을 이야기한다. 플로리시한 삶이란 번성, 풍족, 즉 삶의 만족도를 끊임없이 높여 '행복의 만개(滿開)'에 이르는 것을 의미한다. 이것이 곧 순간의 기쁨에 좌우되는 행복이 아닌 더 풍족한 행복을 이루게 하는 삶이다.

플로리시한 삶, 즉 웰빙에 가까운 삶을 이루게 하는 핵심은 'PERMA'로 요약된다. PERMA란 긍정적 정서(positive emotion), 몰입(engagement), 인간관계(relationship), 의미(meaning), 성취(accomplishment)를 뜻한다. 이것은 바로 지엽적인 삶의 만족도를 높이는 데 국한되지 않고 보다 풍족한 행복에 이르는 핵심 요소이다.

PERMA 개념을 간단히 소개하면 다음과 같다.

먼저 긍정적 정서이다. 마틴 셀리그만은 사람의 정서를 각각 18가지의 긍정적 정서와 부정적 정서로 구분짓고, 상반되는 이 두 부류의 감정이 개인의 삶에 어떠한 영향을 미치는가를 조사했다. 긍정적 정서인 감사·존경·희망·용서·배려 등이 높은 사람과 이와 상반된 분노·시기·질투·열등감·적개심 등의 부정적 정서가 두드러진 사람을 비교 분석한 결과, 전자의 그룹이 삶의 만족감은 물론 업무 수행력이나 신체적 건강도가 더 높은 것으로 나타났다.

두 번째, 몰입이다. 몰입은 미국의 심리학자 미하이 칙센트미하이(Mihaly Csikszentmihalyi)에 의해 처음 언급된 것으로 어떠한 행위에 집중하여 '무아지경'의 상태에 이르는 것을 의미한다. 이것은 단순히 일에 대한 몰입뿐만 아니라 독서, 등산, 서예, 봉사 등 삶을 영위하는 모든 행위에 얼마나 몰입하느냐에 따라 삶의 만족도가 좌우된다는 것을 의미한다. 한 번 몰입의 즐거움을 맛본 사람은 그 즐거움을 다시 경험하기 위해 다시 몰입을 추구하게 되고, 몰입으로 인한 즐거움은 현재의 삶을 행복하게 만들어 준다.

세 번째, 인간관계를 들 수 있다. 행복의 근간을 이루는 긍정적 정서는 홀로 이루어지는 경우가 드물다. 또한 개인이 혼자 느낄 수 있는 긍정적 정서 역시 주변의 환경에 의해 결정되는 경우가 많다. 즉, 나와 타인이 얼마나 연대의식을 갖고 풍요로운 관계를 유지하느냐에 따라 긍정적 정서의 빈도가 결정되며, 이것이 곧 행복감으로 이어진다.

네 번째, 의미이다. 행복이 '주관적인 안녕감'이라는 마틴 셀리그만의 주장을 감안할 때, 한 개인이 스스로에게 내리는 가치와 의미는 삶을 풍요롭게 하는 중요한 요소임에 틀림없다. 이때의 의미는 비단 개인적인 가치에 국한되지 않는다. 자기 자신에 대한 의미가 그 정도를 더해 양보, 희생, 애국, 헌신, 공헌과 같은 범사회적인 긍정적 의미로 성장할 때 이는 풍족한 삶, 즉 '웰빙'의 확장에 큰 역할을 한다.

플로리시한 삶의 마지막 요소는 성취이다. 성취는 승리와 정복을 추구하는 인간의 본능에 기인한 것이다. 단, 그 대상이 타인의 강요에 의한 것이 아니라 스스로 원하고 좋아하는 것이라는 전제가 따른다. 또한 그것이 기타 다른 요소인 긍정적 정서, 몰입, 인간관계, 의미와 유기적으로 이루어져야 한다. 단순히 성취하기 위해 '부'와 '명예'를 추구한다면 한계가 있을 수밖에 없다. 성공을 이룬 사람 중 상당수는 기부나 봉사를 통해 노블리스 오블리제를 추구하면서 삶의 만족도를 높인다는 점에 유념해야 한다.

위의 다섯 가지 요소가 충족될 때 우리는 플로리시한 삶, 즉 삶의 만족도를 지속시켜 '잘사는' 삶에 다가설 수 있다. 그러나 이것이 천편일률적으로 모든 사람에게 적용되는 것은 아니다. 경우에 따라 어느 한 요소에 집중할 수도 있고, 이와는 별개의 다른 요소를 추구할 수도 있다. 우리가 추구하는 행복은 사회적 기준으로 평가받을 수 없는 지극히 개인적인 만족도에서 출발하기 때문이다. 중요한 것은 우선 나 자신의 삶에 집중하는 것이다.

또한 행복을 경험하지 못한 사람은 누군가에게 행복을 전할 수도 없다. 스스로 행복을 알고 경험하지 않으면, 내 주변 사람은 물론이고 다음 세대에도 제대로 된 행복을 가르치고 전수할 수 없다는 것이다. 부모와 교사들이 행복을 제대로 알고 배워야 하는 이유는 바로 이 때문이다.

당신은 당신의 삶을 얼마나 좋아하는가?

남아메리카를 여행하던 도시의 한 부자가 작은 어촌 마을에 요트를 정박하고 해변을 거닐고 있었다. 그는 야자수 그늘 밑에 누워 있는 어부를 발견했다. 대낮에 일은 하지 않고 누워 있는 그를 보고 부자가 물었다.

"왜 멀쩡한 대낮에 고기를 잡으러 가지 않소?"

"오늘은 넉넉하게 잡았습니다."

"시간이 있을 때, 빈둥거리지 말고 고기를 더 잡으면 돈을 더 많이 벌 수 있을 것이고, 그렇게 돈을 벌다 보면 나처럼 부자가 되지 않겠소?"

"그렇게 해서 부자가 되면 무엇이 좋습니까?"

어부의 질문에 부자는 한심하다는 듯이 답했다.

"부자가 되면 편안하고 한가롭게 삶을 즐길 수 있지 않소?"

부자의 힐난조의 말에 어부가 이해할 수 없다는 듯이 답했다.

"지금 내가 그렇게 하고 있지 않습니까?"

행복은 절대적 가치가 아니라 주관적 가치이다. 부를 좇는 사람에게는 부를 축적하는 것이 행복이고, 가족이 소중한 사람에게는 가족의 안위가 행복이다. 교육에 목마른 사람은 교육의 기회를 얻는 것만으로도 행복해질 수 있고, 자신을 희생하며 타인을 돕는 것에서 행복을 느낄 수도 있다. 사람마다 목표와 살아가는 방식이 다르듯 개인이 느끼는 행복도 다르다. 백 명의 사람이 있다면 백 개의 '자신의 삶'이 존재하고, 또 그만큼의 행복에 대한 가치가 존재한다.

"지금 이 순간이 제겐 기적이고 행복입니다."

부산에서 정비공을 하던 청년이 한 오디션 방송에서 2위를 한 후 털어놓은 소감이다. 1위를 놓쳐 아쉬울 법도 한데 그 청년은 너무도 밝고 힘찬 목소리로 자신에게 일어난 기적과 행복을 이야기했다. 사람들 앞에서 노래하고 싶다는 그의 목표가 현실이 된 순간이 그에게는 기적이고 행복이었을 것이다.

세계 행복 데이터베이스 소장인 루트 벤호벤 교수는 행복에 대해 이렇게 말했다.

"행복은 개인이 자기의 삶을 얼마나 좋아하느냐의 문제이다."

그의 말처럼 행복은 부와 명성, 외모와 학력으로 좌우되지 않는다. 행복은 자신의 삶을 좋아하는 것에서 시작되고, 그 삶을 긍정적으로 만들어 가며 완성하는 것이다. 행복은 자신의 삶을 좋아하는 순간부터 시작된다. 즉, 행복은 결과물이 아니라 삶의 시작점이다.

불행히도 한국은 성공과 부에 치중한 행복론에 길들여져 왔다. 행복에 대한 개념 정의는 물론, 진정한 행복에 이르는 구체적인 방법도 배우지 못했다. 이제 우리는 자신의 삶을 좋아하고 행복해질 수 있는 방법에 대해 보다 구체적으로 알아볼 것이다. 위에서 간단히 설명한 다섯 가지 요소를 바탕으로 현재 우리의 삶을 되돌아보고 보다 풍요롭게 만드는 실질적인 방법에 대해 생각해 보고, 이를 기반으로 자라나는 아이들에게 어떻게 행복한 삶을 선물할 것인가에 대한 청사진도 함께 그려 보도록 하자.

인생에서 가장 필요한 마음의 웃음
긍정적 정서

    2001년 켄터키대학의 데보라 대너(Deborah Danner), 데이비드 스노든(David snowdon), 월리스 프리슨(Wallace Friesen)은 1917년 이전에 태어나 1940년대 전후에 수녀가 된 노트르담 교육 수도회 수속 수녀 180명의 사례를 분석했다. 이 수녀들은 수도회에서 1년여 간의 수련수녀 생활을 마치면서 자신이 정식 수녀가 되려는 이유와 그동안의 삶을 묘사하는 자전적 에세이를 썼다. 연구팀은 '사랑', '희망', '흥미' 등 긍정적 정서를 담은 단어가 얼마나 많이 등장하는가를 기준으로 에세이를 분석해 네 그룹으로 나누었다. 쉽게 말해 긍정적 정서를 담은 단어를 많이 구사한 그룹이 행복도가 높은 그룹이었다.

이 연구는 학계에서 특히 주목받았는데, 그 이유는 피실험자가 수녀라는 특수한 집단으로 이루어졌기 때문이다. 불특정 다수의 집단을 대상으로 연구를 진행할 경우 식습관, 건강, 교육 정도, 수입 등 개인의 감정에 영향을 미치는 다른 요소의 개입이 변수로 작용할 여지가 크고, 이 때문에 심리 상태가 개인의 삶에 미치는 영향을 파악하는 데 어려움이 따르기 때문이다. 반면에 이처럼 동일선상의 환경에 놓인 집단을 대상으로 하면 개인을 둘러싼 삶의 특수 요소가 개입될 여지가 적어 심리 상태와 현실적 생활의 상관관계를 보다 정확하게 파악할 수 있다.

연구자들은 수녀들이 자연사하는 1990년대에 이르러 수녀들의 사망 연령과 수십 년 전에 그들이 쓴 에세이를 비교했다. 그 결과 수녀들이 쓴 글에 드러난 긍정적 정서(긍정적 정서를 담은 단어의 수)가 장수와 밀접한 관련이 있음이 드러났다. 1990년대에 들어서 수녀들의 약 40퍼센트가 사망했는데, 에세이에서 긍정적 정서가 많이 드러난 상위 25퍼센트의 수녀들의 수명이 부정적인 정서를 지닌 하위 25퍼센트의 수녀들보다 평균적으로 더 길었다. 전자의 경우 85세까지 생존한 사람이 집단의 90퍼센트, 95세 이상 생존한 사람이 집단의 54퍼센트인 반면, 후자는 각각 34퍼센트와 11퍼센트에 불과했다. 다시 말해 삶을 긍정적으로 보고 일상에서 기쁨, 감사, 희망 등을 많이 발견한 사람이 신체적으로도 건강하여 장수한 것이다.

이와 관련하여 에드 디너 교수는 "행복이 건강과 수명에 미치는 효과를 보여 주는 증거가 아직 완벽하지는 않지만 현재 확보된 증거만으로도 충분히 강력하기 때문에 그에 따라 실천해야 한다."라고 조언한다. 긍정적 정서가 사람의 삶에 미치는 영향이 과학적 분석으로 드러난만큼 이를 실생활에서 적용해야 한다는 말이다.

긍정적 정서가 삶에 미치는 영향

긍정적 정서가 인간의 생명에 영향을 준다는 것은 다른 연구에서도 찾을 수 있다. 수명 연장 차원이 아니라 일상에서의 건강한 삶을 영위하는 데도 적지 않은 작용을 하며 나아가 인간의 두뇌 활동, 즉 문제 해결력과도 연관이 있음이 여러 연구 결과 입증되었다. 다음의 세 가지 사례를 살펴보자.

사례 1.

심리학 용어 중 '뒤센 스마일(Duchenne smile)'이 있다. 눈과 입 주변의 근육을 모두 움직여 마음으로 웃는 진정한 웃음을 가리키는 말로, 미소를 학문적인 연구 영역으로 최초로 끌어들인 심리학자 뒤센의 이름을 딴 것이다. 이와 관련하여 미국 디트로이트웨인

대학 어니스트 아벨 교수팀은 사진 속 미소와 수명의 연관관계를 알아보는 연구를 진행했다. 1950년 이전에 데뷔한 메이저리그 야구선수 230명의 사진에서 웃는 정도를 3단계로 분류하고 이들의 실제 수명과 비교했다. 1단계는 진지한 표정으로 카메라를 응시하는 선수, 2단계는 입가에 미소를 약간 띠는 선수, 3단계는 입과 양볼이 올라가고 눈까지 움직이며 함박웃음을 짓는 선수였다.

분석 결과, 거의 웃지 않는 1단계 사람은 평균 수명이 72.9세, 볼과 입만 움직여 미소 짓는 2단계 사람은 평균 75세였다. 마지막으로 볼과 입뿐 아니라 눈까지 함께 웃는 사람은 평균 79.9세로 나타났다.

사례 2.

45쪽의 그래프는 피실험자들을 두 그룹으로 나누어 테레사 수녀의 삶을 그린 영화(〈마더 테레사〉, 2003)와 나치의 만행을 그린 영화(〈의지의 승리〉, 1934)를 보게 한 다음 항체의 농도 변화를 분석한 연구 결과이다. 두 그룹은 평가 당일 항체 농도가 비슷했지만, 영화를 관람한 이후에는 항체 농도의 차이가 컸다. 테레사 수녀를 다룬 영화를 본 집단은 항체 농도가 급격하게 늘었지만 나치 영화를 본 집단은 항체 농도의 변화가 거의 없음을 알 수 있다.

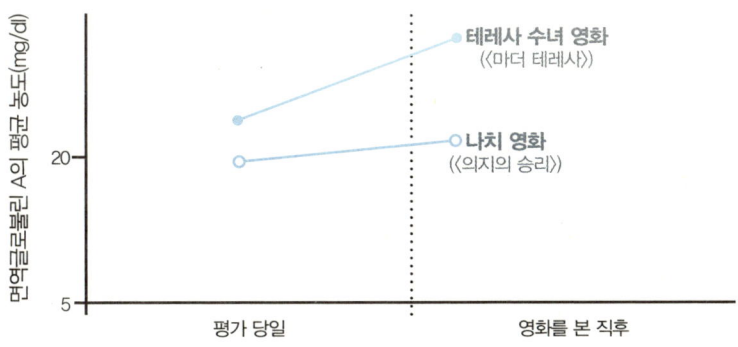

〈의지의 승리(Triumph Of The Will, 1934)〉와 〈마더 테레사(Madre Teresa, 2003)〉 관람이
면역글로불린 A에 미친 영향

사례 3.

미국 코넬대학 앨리스 아이센(Alice Isen) 교수는 학생들을 대상으로 사례 2와 유사한 실험을 진행했다. A 그룹의 아이들에게는 코미디 영화를 보여 주고, B 그룹의 아이들에게는 수학 강의 비디오를 보여 주었다. 그런 다음 동일한 조건에서 창의성 측정 문제를 풀게 했다.

연구 결과, 코미디 영화를 본 집단의 아이들이 더 좋은 성과를 거둔 것으로 나타났다. 수학 강의를 본 B 그룹의 경우 10분 안에 문제를 푼 학생이 20퍼센트에 불과했지만 코미디 영화를 본 A 그룹의 경우 10분 안에 문제를 푼 학생이 75퍼센트에 달했다.

이렇듯 긍정적 정서는 개인의 건강과 삶의 질에 영향을 미친다. 수명에 직접적인 영향을 미치는 것은 물론 일상적인 건강과도 상관관계가 뚜렷하며, 창의적인 두뇌 활동에도 중요한 작용을 한다. 하지만 이렇게 긍정적 정서가 인간의 삶의 중요한 요소로 작용하고 있다는 사실이 입증되었다고 해도, 이것이 생활 속에 적용되는 예는 많지 않다.

마음마저 치유하는 '성격 강점' 활용하기

마틴 셀리그만은 사람의 정서를 긍정적 정서와 부정적 정서로 구분했다. 긍정적 정서를 많이 품고 있는 사람일수록 삶의 만족도가 높다고 주장한다. 그는 라시드(Rashid) 박사와 함께 쓴《긍정심리치료 : 치료 매뉴얼(Positive Phychotherapy : A Treatment Manual)》에서 긍정심리치료가 우울증 환자에게 어떤 영향을 미치는지에 대한 연구 결과를 소개했다.

그들이 진행한 긍정심리치료는 중증 우울증 환자를 대상으로 14회기로 이루어졌으며, 회기별로 환자에게 긍정심리치료를 위한 과제를 제시하는 방식으로 진행되었다. 회기별 과제는 긍정적 자기소개서를 작성하여 자신의 성격적 강점을 확인하는 것이었다. 성격적 강점을 활용하여 정서, 몰입, 의미를 쉽게 배양할 수 있도록 '축복 일기'를 쓰고, 자신을 비통하게 만드는 분노를 분석하게 했다. 과제 수행 후 감사 토론을 한 후 환자의 배우자나 가족에게 환자의 성격적 강점을 인정하도록 했다.

비교군은 긍정심리치료를 받지 않은 환자들을 대상으로 선정했다. 그런 다음, 그들을 기존의 치료만 받는 환자 집단과 기존 치료와 함께 항우울제를 투여받는 집단으로 나누어 치료를 진행했다. 치료 결과, 긍정심리치료를 받은 환자의 경우 기존 치료와 항우울제 치료를 받은 환자 집단에 비해 우울 증세가 더 우수하게 완화되었다. 기존 치료만 받은 환자 집단은 20퍼센트만 우울증이 호전되었고, 기존 치료와 항우울제 투약 치료를 병행한 환자 집단은 8퍼센트만 호전되었다. 반면 긍정심리치료를 받은 환자 집단은 55퍼센트가 증상이 완화되었다.

긍정심리치료의 가장 큰 핵심은 자신이 생각하고 있는 부정적인 요소(분노와 비통)를 억제하고, 자신의 강점을 파악하여 긍정적인 요소(성격적 강점의 부각과 축복, 감사, 배려 등의 긍정적 정서)를 부각하는 것이다. 즉, 부정적인 요소를 긍정적으로 되돌리는 치료인 셈이다.

삶을 윤택하게 하는 18가지 긍정 정서

이렇듯 부정적인 요소를 긍정적으로 바꾸는 관점의 변화만으로도 마음이 치유되고, 나아가 일상 속에서 충분히 행복감을 맛볼 수 있다. 이는 다른 연구에서도 입증되고 있다. 다음의 연구 사례는 우리가 일상생활에서 왜 긍정적 정서를 지녀야 하는지, 긍정적 정서가 업무 현장에서 어떤 효과가 있는지를 보여 준다.

심리학자 로사다(Marcial Losada)와 프레드릭슨(Barbara Fredrickson)은 긍정적 정서가 업무적인 성공에 어떤 영향을 미치는지를 파악하기 위해 긍정성 비율과 성공의 상관관계를 도출하는 연구를 수행했다. 연구는 60개 기업에서 실제로 근무하는 직장인을 대상으로 이루어졌다.

연구진은 실적에 따라 상·중·하로 팀을 구분하고, 각 팀별로 회의실에서 사업 구상 및 전략적 계획을 수립하도록 한 후 참가자 개개인의 발언과 행동을 관찰, 기록하여 분석했다. 이 분석은 첫째 긍정적 성향과 부정적 성향의 파악, 둘째 자기 중심적 성향과 타인 중심적 성향 파악, 셋째 조사와 질문에 기반을 둔 발언과 자기 변호와 옹호에 기반을 둔 발언에 대한 성향 파악 등 세 가지 측면에서 이루어졌다.

이후 각 팀별 구성원의 행동과 발언에 대한 긍정성 비율을 '긍정적 특성 : 부정적 특성'으로 도출했다. 그 결과 고실적팀은 긍정성 비율이 6 : 1이었는데, 이는 긍정적 특성이 이례적으로 높은 편이었다. 다음으로 중간실적팀은 2 : 1, 저실적팀은 1 : 1의 긍정성 비율을 보였다.

로사다와 프레드릭슨은 이 연구를 통해 성공적인 삶을 사는 사람들은 반드시 긍정성 비율이 일정 수치 이상이고, 그 비율 이하에서는 성공도 실패도 아닌 평균을 유지하거나 도태되는 성향을 보인다는 사실을 발견했다.

　그들이 발견한 긍정성 비율은 2.9 : 1이었다. 즉, 긍정적 특성이 2.9(혹은 그 이상), 부정적 특성이 1일 때 사람은 자신의 긍정성을 바탕으로 성공을 이룰 수 있다는 것이다. 이 '2.9 : 1'의 긍정성 비율을 '로사다 비율(Losada ration)'이라고 한다.

　이 로사다 비율은 우리에게 삶의 만족도를 높이고, 나아가 성공적인 삶을 살기 위한 방안을 보여 준다. 평소에 스스로를 비하하고 배타적인 행위를 취하는 데서 오는 부정적 감정을 한 번 느낀다면 최소한 세 번은 스스로를 긍정적으로 바라보고 타인을 생각하며 자신의 감정을 적절히 표현하는 경험을 할 때, 삶이 윤택해진다는 사실을 알 수 있다. 쉽게 말해 긍정적 정서를 강화하고 부정적 정서를 줄이는 연습을 해야 한다. 다음은 행복한 삶을 위해 추구해야 하는 18가지의 긍정적 정서와 이와 반대로 행복을 방해하는 18가지의 부정적 정서를 도출한 것이다.

[긍정적 정서 18가지]

　감사, 용서, 양보, 희생, 사랑, 존경, 인내, 희망, 기대, 꿈, 낙관, 호기심, 열정, 몰입, 관심, 배려, 만족, 즐거움

[부정적 정서 18가지]

분노, 시기, 질투, 원망, 한, 적개심, 좌절, 포기, 낙담, 독단, 열등감, 자기 비하, 충동, 비관, 우울, 슬픔, 불만족, 짜증

사실 생활 속에서 긍정적 정서를 지속적으로 느끼는 것은 쉽지 않다. 의도적으로 노력한다고 해도 우리의 삶은 예기치 않은 변수로 인해 크고 작은 영향을 받는다. 또한 인간의 정서는 타인과의 관계에 의해 재구성되는 경우가 많기 때문에 자신이 어떤 사람과 어떤 상황에 놓여 있는가에 따라 크게 좌우된다. 이로 인해 하루아침에 삶의 만족도가 신장되는 것도 아니어서 의지를 갖고 실행하기란 쉽지 않다.

하지만 쉽지 않다는 것이 불가능하다는 것은 아니다. 인간의 정서는 노력 여하에 따라 달라지고 꾸준히 학습한다면(이는 의도적인 노력을 말한다) 습관으로 자리잡을 수 있다. 가장 쉬운 실천법은 웃음이다. 하루에 15초 웃으면 평균 수명이 2년 연장된다는 연구 결과도 있다. 하루 8만 6,400초 중에 15초, 내게 주어진 하루 중 1.73퍼센트만 사용하면 2년의 생명을 얻게 되는 것이다.

반대로 부정적 정서인 분노에 대해 살펴보자. 심리학자들은 사람을 분노하게 만드는 분노 바이러스가 있다고 한다. 그런데 이 분노 바이러스의 지속 시간이 단 15초라고 한다. 15초가 지

나면 논리적으로 상황을 판단할 수 있게 되고 이를 계기로 평정심을 되찾게 된다는 것이다. 15초간 분노를 참고 15초를 웃는다면 '+1'의 긍정적 정서를 취하고, 분노라는 부정적 정서는 '-1'이 된다.

  행복이란 결국 긍정적 정서를 늘리고, 부정적 정서를 줄이는 작은 노력에서 비롯된다. 또한 행복은 바이러스처럼 전염성이 강하여, 한 사람이 느끼는 행복감이 주변의 여러 사람에게 전이된다. 또한 전이된 행복은 부메랑처럼 자신에게 더 크게 되돌아온다. 내가 짓는 웃음과 내가 느끼는 기쁨(특히 그것이 노력의 결과물일 때)이 타인의 마음을 따뜻하게 하고 좌절을 딛고 일어서게 하는 원동력이 된다. 믿기 어렵다면 내 옆의 가족이나 가까운 지인을 떠올려 보자. 나로 인해 그들이 느끼는 행복감과 이를 바라보는 자신의 마음을 말이다.

  또한 긍정적 정서는 앞으로 설명할 플로리시한 삶의 또 다른 요소를 갖추게 하는 근간이 된다.

진정한 충족감을 주는 원동력
생산적 몰입

한 운동선수는 '몰입에 빠진 순간'에 대해 다음과 같이 이야기했다.

"관중 소리도 들리지 않는다. 시간이 얼마나 흘렀는지도 모르고, 득점이 이루어졌는지도 모른다. 그저 경기를 할 뿐이며, 내 본능에 따를 뿐이다."

대다수의 운동선수는 이런 경험을 많이 하는데, 그들은 이러한 상태에 대해 '무아지경'이라고 표현한다. 그리고 그 무아지경에 이르는 순간 그들은 자신이 가지고 있는 능력보다 더 뛰어난 능력을 발휘한다.

'몰입'은 심리학자인 미하이 칙센트미하이가 처음 주장한 이론이다. 미하이 칙센트미하이가 몰입에 대해 흥미를 갖게 된 것은 그가 화가들을 연구하면서부터이다. 그는 화가들이 그림을 그리는 이유가 완성물을 도출하기 위해서가 아니라 그림을 그리는 과정 자체에 있음을 발견했다. 즉, 완성된 작품보다 그림을 그리는 행위 자체가 보다 더 중요한 내적 동기로 작용함을 알게 된 것이다.

내적 동기에 관심을 갖게 된 그는 이후 본격적으로 몰입에 대해 연구하기 시작했다. 그 일환으로 어떤 활동을 하는 이유가 '즐거움' 때문이라고 말하는 사람을 대상으로 인터뷰를 진행했다. 인터뷰는 체스 플레이어, 암벽 등반가, 댄서, 운동선수 등 영역이나 사회적 지위를 떠나 불특정 다수를 대상으로 진행되었다. 인터뷰 결과, 서로 다른 사회적 환경에서 각자의 영역을 추구함에도 불구하고 유사한 특성 하나를 발견했다. 인터뷰에 응한 사람 모두 자신이 원하는 것을 할 때 그 행위에 몰두한다는 것이었다.

이 결과를 두고 그는 몰입이란 '어떤 활동에 고도로 집중하는 정신 상태'를 의미하며, 몰입의 상태가 되면 사람들은 그 경험과 조화를 이루게 되며, 행동이나 인식이 모두 하나가 된다고 주장했다.

몰입 후에 오는 즐거움

칙센트미하이는 삶을 가꾸어 주는 것은 행복감이 아니라 몰입이라고 주장한다. 또한 몰입 후에 행복감이 찾아오는데 그 행복감은 외부적 요인이 아니라 스스로 만들어 낸 것이기 때문에 우리의 의식을 고양시킨다고 주장한다. 그의 주장에 따르면 몰입할 때 행복한 것이 아니라 몰입 후에 비로소 행복감이 오며, 그 행복감으로 인해 사람은 또다시 몰입을 하게 된다는 것이다. 또한 몰입과 행복감이 순환하면서 비로소 삶이 윤택해진다고 한다.

실제로 몰입의 순간을 살펴보면 그 의견의 타당성을 알 수 있다. 몰입하는 순간 시간은 빨리 흐른다. 모든 의식이 활동 그 자체에 집중되고, 몰입이 되는 순간 감정이 사라지고 무의식 상태에 이른다.

이런 면에서 몰입은 긍정적 정서와 다른 속성을 갖는다. 긍정적 정서는 스스로 인지하고 그에 생각이 따른다. 하지만 몰입의 상태에서는 어떠한 감정도 생각도 없다. 그저 그 일에 몰입할 뿐이다. 몰입의 순간 사람은 몰입의 대상과 하나가 된다.

따라서 몰입의 순간, 그 자체에는 즐거움을 느낄 수 없는 것이 사실이다. 즐거움은 그다음, 몰입의 상황에서 벗어났을 때 비로소 느낄 수 있다. 즉, 몰입과 동시에 기쁨이나 즐거움을 경험하는 것이 아니라 몰입을 경험한 후 그 경험을 바탕으로 즐거움을 느끼는 것이다.

  그런데 몰입 후에 오는 즐거움은 우리의 뇌에서 기쁨을 느끼게 해 주는 엔도르핀이나 도파민과 같은 호르몬을 만들어 낸다. 이런 즐거움을 다시 맛보려고 사람들은 또다시 몰입의 세계로 들어서는 것이다. 그리고 이러한 즐거움이 모여 현재의 행복감으로 표출된다.

소모적 몰입 vs 생산적 몰입

  '몰입'은 행복을 이루는 보편적 요소이다. 보편적 요소라고 말하는 이유는 몰입 자체는 특별한 재능이 필요없기 때문이다. 몰입은 예술가나 운동선수, 정치인 등 뛰어난 사람들에게만 나타나는 현상이 아니다. 공부, 일, 놀이, 유희 등과 같이 인간이 영위하는 모든 활동 분야에서 나타난다. 아이들이 만화영화를 보면서 집중하는 것도 몰입이고, 주부가 가족을 위해 요리를 할 때나 직장인이 회사 업무에 열중할 때도 몰입을 경험할 수 있다. 어떤 형태든 몰입이 사람에게 즐거움을 선사한다는 것은 사실이다.

  하지만 이것이 진정한 행복을 이루는 요소로 자리하려면 몰입의 범주를 좀 더 명확하게 구분해야 한다. 여가 시간마다 도박이나 사행성 놀이에 빠져드는 사람이 있고, 술에 취해 알코올

중독에 이르는 사람도 있다. 그런가 하면 독서, 등산, 연극, 음악, 미술, 영화, 문학 등과 같은 취미생활에 몰입하는 사람도 있고, 자원봉사처럼 사회적 활동에 몰입하는 사람도 있다.

사람마다 각기 다른 것에 몰입하지만 몰입의 가치에는 차이가 있다. 몰입이라고 해도 모두 같은 몰입은 아니다. 몰입에는 여러 종류가 있다. 시간 가는 줄 모르고 컴퓨터 게임을 하거나 끼니를 잊은 채 텔레비전을 시청하는 것도 몰입의 범주에 들지만, 이러한 경험에는 특별한 도전도 없을 뿐더러 사람을 고무시키는 동기도 없다.

이러한 몰입을 '소모적 몰입' 또는 '거짓 몰입'이라고 한다. 몰입인 것처럼 보이지만 삶의 질적 향상에 궁극적 발전과 혜택을 주지 않기 때문이다. 사람들이 이러한 소모적 몰입에 빠져드는 것은 쾌락주의적 행복을 추구하는 것과 비슷하다. 쾌락주의적 행복이란 말 그대로 한순간의 쾌락에서 오는 즐거움이다. 쾌락을 추구하는 데서 오는 행복은 일순간 만족을 주지만 그 순간이 지나면 오히려 허무감과 불행감을 맛보게 한다. 허무감과 불행감에서 벗어나려고 더욱 쾌락을 추구하게 되는데 이것이 이른바 '중독'을 불러온다. 쾌락주의적 행복이 진정한 행복과 거리가 멀듯 소모적 몰입은 순간적인 즐거움을 줄 수는 있지만 진정한 행복을 수반하지는 않는다.

삶의 지속적인 만족도를 높여 주는 충족감, 즉 웰빙과 관련된 행복은 '생산적 몰입'을 통해서만 느낄 수 있다. 생산적 몰입이란 자신의 꿈과 목표를 향해 나아가는 발전적 몰입을 의미하며, 삶의 질, 즉 행복의 질을 결정한다. 생산적 몰입은 몰입 당시에는 고통이 따르지만(사실 그 고통도 몰입 후에 즐거움으로 변한다) 그 이후 소모적 몰입과는 비교할 수 없는 깊은 충족감을 수반하고 나아가 자기 발전을 이루는 원동력이 된다.

의미와 목적이 분명한 몰입을 경험하라

서울대학교 황농문 교수는 몰입을 '최고의 나를 만나는 기회'라고 했다. 생산적 몰입은 단순히 어떠한 일에 집중하는 것을 의미하지 않는다. 자신의 능력을 최대한 발휘할 수 있는 순간을 경험하는 것이고, 그 경험을 통해 즐거움을 얻는 기회이다. 또한 그러한 즐거움을 바탕으로 미래의 행복을 추구하는 열쇠이기도 하다.

사람이라면 누구나 한번쯤 생산적 몰입을 경험한다. 외형의 결과물이든 내적인 충족감이든 몰입을 통해 이전과 다른 충족감을 맛보았다면 그것이 바로 생산적 몰입, 즉 발전적 몰입의 시초이다.

생산적 몰입이 이렇듯 행복을 수반한다면, 또한 이미 이를 경험해 보았다면 왜 매순간 생산적 몰입을 위해 노력하지 않는 것일까? 그 이유에 대해 마틴 셀리그만은 몰입에 이르는 지름길이 없기 때문이라고 말한다. 생산적 몰입을 하려면 의미와 목적이 수반되어야 하고, 그뒤에는 수많은 시간과 노력이 필요하다. 이것이 쉽지 않기 때문에 대부분의 사람이 손쉽게 쾌락을 얻을 수 있는 소모적 몰입에 빠지는 것이다.

그렇다면 개인의 삶을 발전시키고 나아가 삶에 충족감을 선사하는 생산적 몰입을 하려면 무엇이 필요할까? 먼저 자신이 가장 원하는 것을 찾아야 한다. 하고 싶은 것, 마음에서 진정 원하는 것이 무엇인지 아는 것이 그 첫걸음이다. 또한 그것은 내 삶이 지금보다 더 나은 형태로 나아갈 수 있는 성장의 바탕이 되어야 한다.

자신이 원하는 것이 아니라면 '몰입'에 빠져들 수 없다. 그리고 자신이 원한다 해도 발전할 수 없다면 그 몰입은 한계에 도달하게 된다. 내게 의미를 줄 수 있는 것, 나를 성장시킬 수 있는 것이 무엇인지 자문해 보자. 이는 단시간에 찾을 수 있는 것이 아니다. 끊임없이 스스로에게 질문을 던지고 답을 찾아야 한다. 또한 노력을 거듭하여 이를 습관화해야 한다. 인생의 모양새가 이미 결정된 성인이 자신의 삶을 보다 윤택하게 만들기 위해 필요한 것이 몰입이고, 이제 꿈을 찾고 자신의 길을 찾아야 하는 성장기 아이에게도 필요한 것이 몰입임을 잊어서는 안 된다.

사람은 사람으로 인해 행복하다
긍정적 인간관계

    1995년 10월, 미국 매사추세츠 주의 한 병원에서 카이리와 브리엘이라는 쌍둥이가 태어났다. 두 아이 모두 몸무게가 1킬로그램에 불과한 조산아였다. 다행히 언니인 카이리는 인큐베이터에서 건강해지기 시작했지만 동생 브리엘의 건강 상태는 좀처럼 좋아지지 않았다. 이때 한 간호사가 언니를 동생이 있는 인큐베이터에 함께 눕혔다. 시간이 얼마 지나지 않아 기적 같은 일이 벌어졌다. 언니 카이리가 동생 브리엘의 어깨에 손을 얹은 것이다. 그러자 이전까지 생명이 끊길 것 같던 브리엘의 생명 수치가 빠르게 안정을 찾았다. 그리고 두 아이 모두 건강하게 퇴원했다.

– SBS 스페셜 〈포옹〉(2007. 12. 7. 방영)

긍정심리학의 창시자 중 한 명인 크리스토퍼 피터슨(Christopher Peterson)은 긍정심리학에 대한 정의를 부탁하면, 한마디로 '타인'이라고 답한다. 또한 그 이유를 긍정적 정서가 홀로 이루어지는 경우가 드물기 때문이라고 한다.

앞서 설명한 긍정적 정서 18가지를 떠올려 보자. 감사, 용서, 양보, 희생, 사랑, 존경, 인내, 희망, 기대, 꿈, 낙관, 호기심, 열정, 몰입, 관심, 배려, 만족, 즐거움 중에서 혼자 느낄 수 있는 감정은 많지 않다. 뿐만 아니라 대부분의 긍정적 정서는 주변 환경이나 학습을 통해 이루어진다.

이는 부정적 정서도 마찬가지이다. 분노, 시기, 질투, 원망, 한, 적개심, 좌절, 포기, 낙담, 독단, 열등감, 자기 비하, 충동, 비관, 우울, 슬픔, 불만족, 짜증 등 대부분이 타인과의 관계에서 일어나는 정서이다. 즉, 우리가 생각하고 느끼는 긍정적 정서나 부정적 정서는 나와 타인 사이의 관계에서 발생한다고 할 수 있다.

한 사람이 긍정적 정서를 함양하여 충만한 삶을 살든, 반대로 부정적 정서에 빠져 절망적인 삶을 살든 여기에는 타인과의 관계가 배제될 수 없다. 바꿔 말해 한 개인의 행복과 불행에 있어 주변과의 관계는 어떤 형태로든 영향을 미친다. 보다 충족한 삶을 살려면 나와 타인의 관계, 내가 타인을 바라보는 관점을 생각해 보아야 한다.

인간의 삶은 무엇으로 지탱되는가?

한 남자가 무인도에 갇혔다. 한 택배회사 직원이었던 그는 해외 배송을 위해 화물을 실은 비행기에 탔다가 바다 한가운데서 비행기가 추락하는 사고를 당한다. 가까스로 목숨은 건졌지만 눈을 떠보니 살아남은 사람이라고는 자신뿐이다. 그는 갑작스럽게 아무도 살지 않는 한 무인도에 홀로 고립되었다. 생존이 시급했던 그는 비행기에 있던 택배 물건들을 이용해 불을 피우고 당장 먹고 잘 방법을 해결한다. 그렇게 하루이틀 시간이 지나면서 어느덧 혼자 사는 삶에 익숙해졌다. 하지만 문제는 그것이 아니었다. 당장의 생존이 해결되니 단 하나의 생각이 그를 옥죄어 왔다.

'외롭다. 말하고 싶다. 사람이 그립다.'

그는 택배 물건 중에서 배구공을 하나 발견하고 거기에 '윌슨'이라는 이름을 붙였다. 그리고 아무도 없는 섬에서 4년이란 시간 동안 윌슨에게 말을 걸며 외로움을 달랬다.

그뒤 그는 뗏목을 만들어 섬을 탈출했다. 그 과정에서 풍랑을 만나 위기를 맞는데, 그 순간 그는 부서진 뗏목보다 섬을 나올 때 가져온 윌슨이 없어졌다는 사실에 더 절망했다. 우여곡절 끝에 그는 극적으로 구조되어 다시 예전의 삶으로 돌아왔지만 상황은 많이 달라져 있었다. 무인도에 표류하는 내내 그리워했던 연인은 이미 다른 남자와 가정을 꾸렸고, 몸 바쳐 일했던 직장의 상사에게서는 "당신이 죽은 줄 알았다."는 무심한 말만 전해 들었다. 괴로웠지만 그는 결국 사랑하는 연인을 웃으며 떠나보내고 이전과의 삶에 이별을 고한다. 그러고는 다시 자신을 길을 찾아 떠난다.

톰 행크스가 주연을 맡은 영화 〈캐스트 어웨이〉의 내용이다. 영화 속의 그는 매사에 시간을 중요시하고 주변 사람과의 관계를 등한시하며 살았다. 직장에 다니며 사람들에게 실망하기도 하고 사람들을 상대하는 것이 귀찮아서 혼자 무인도에 살면 편하겠다는 생각도 한다. 하지만 막상 그런 생활을 4년이나 하면서 본질적인 질문을 하게 된다. 인간은 무엇으로 사는가? 우리의 삶을 지탱하는 원동력은 무엇인가? 결국 그 답은 '사람'이었다. 그가 무인도에서 무려 4년이라는 시간을 버틸 수 있었던 이유도 사람을 대신한 '윌슨'이 함께했기 때문이다. 대꾸 없는 윌슨에게 끊임없이 말을 건네며 그는 자신이 살아 있음을 느꼈고, 외부와의 고립에서 오는 절대 고독을 끝끝내 이겨낼 수 있었다.

사랑을 일으키는 호르몬 옥시토신의 효과

사람의 뇌는 상황에 따라 호르몬을 분비한다. 그중 사랑의 호르몬이라 불리는 옥시토신(oxytocin)이 있다. 옥시톡신은 자궁수축 호르몬이라고도 하는데 여성이 아이를 낳을 때 자궁의 민무늬근을 수축시켜 분만을 도와주며, 출산 후 젖의 분비를 촉진한다. 그런데 이 옥시토신의 효과는 여기에 그치지 않는다. 옥시토신은 타인에게 느끼는 친밀감을 높여 주는 작용을 하기 때문에, 특히 심리치료에서 큰 역할을 한다. 산모가 아기에게 정서적인 유대감을 갖는 이유도 출산 후 옥시토신이 분비되기 때문이며, 여성이 남성에게 모성 본능을 느끼는 이유도 바로 옥시토신의 효과이다. 이런 효과 때문에 사회공포증, 대인관계공포증 등을 치료할 때 많이 사용된다. 그래서 일명 '사랑의 호르몬'이라고도 한다.

이와 관련하여 미국 클래어몬트대학의 폴 자크 교수팀은 옥시토신과 대인관계의 상관관계에 대한 실험을 수행했다. 학생들 사이의 신뢰관계를 행동으로 연출시키면서 혈액을 채취한 다음 그 혈액의 옥시토신 농도를 조사하는 방식이었다. 실험 결과, 누군가 자신을 믿어 줄 경우 혈중 옥시토신 농도가 증가한다는 사실이 드러났다. 또한 이 실험 결과를 토대로 평소 교우관계가 좋지 않은 학생들에게 옥시토신을 투여한 결과 교우관계가 개선되는 것을 확인할 수 있었다.

이 같은 사실로 볼 때 옥시토신은 결국 행복에 관련된 호르몬 물질이라고 할 수 있다. 누군가를 신뢰하면 행복 호르몬이 분비되어 행복감을 느끼게 되고, 그것이 다시 신뢰하는 행동으로 이어지는 선순환이 이루어진다. 또한 이런 선순환이 확장되어 개인의 삶을 윤택하게 만든다. 행복 호르몬이라고도 불리는 옥시토신은 사람의 몸에서 생성된다. 즉, 타인과의 긍정적 관계, 서로 신뢰하는 관계가 확장될 때 우리의 뇌는 옥시토신을 만들어낸다. 다른 사람과의 친밀한 관계를 통해 스스로 행복해지는 것이다.

2009년 미국에서 발표된 한 연구에 따르면 급여가 1년에 1만 달러 증가하는 것보다 진실한 친구 한 명이 생기는 것이 행복감을 4.5배 더 증가시킨다고 한다. 이렇듯 긍정적 인간관계는 삶의 만족도를 증진시키는 효과가 있다.

긍정적 인간관계를 만드는 방법

미국 캘리포니아 주립대학의 심리학과 교수 셸리 게이블(Shelly Gable)은 긍정적 인간관계를 만드는 데에는 칭찬과 축하를 거듭하는 것이 효과적이라고 주장한다. 사람은 흔히 자신의 이야기를 다른 사람에게 많이 털어놓는다. 특히 경험이나 행동에 대해 그렇다. 이때 다른 사람이 칭찬이나 축하와 같은 긍정적 메시지를 전하는 것이 부정적 의견을 내놓는 것보다 관계를 강화시킨다는 것이다.

이와 관련하여 마틴 셀리그만은 인간관계를 이끄는 네 가지 유형을 제시하였다. 첫째 적극적이며 건설적인 반응, 둘째 소극적이며 건설적인 반응, 셋째, 적극적이며 파괴적인 반응, 넷째 소극적이며 파괴적인 반응이다.

아래의 표에 나오는 사례의 네 가지의 반응을 살펴보자. 당신이 표와 같은 상황에서 각 유형에 따른 답을 들었다면 어떤 감정

타인의 긍정적 사건 공유	반응 유형	당신의 반응
"회사에서 승진하고 월급도 올랐어."	적극적이며 건설적	"대단해! 당신이 정말 자랑스러워. 승진이 당신에게 얼마나 중요한지 알고 있어! 이건 밖에 나가서 축하해야 할 일이야." 비언어적 반응 : 진정한 미소, 신체 접촉, 웃음 등의 태도로 감정 표현
	소극적이며 건설적	"좋은 소식이네. 당신은 승진할 만해." 비언어적 반응 : 적극적인 감정 표현이 거의 없음
	적극적이며 파괴적	"책임이 늘었다는 소리로 들리는군. 이제 야근하는 날이 훨씬 많아지는 거야?" 비언어적 반응 : 눈썹 찡그리기, 인상 쓰기 등 부정적 정서 표현
	소극적이며 파괴적	"저녁 식사는 뭐야?" 비언어적 반응 : 눈맞춤 결여, 고개 돌리기, 방에서 나가기
"5백 달러짜리 복권에 당첨됐어."	적극적이며 건설적	"와, 진짜 운 좋네. 뭐 좋은 거 살 거야? 복권에 당첨되면 정말 기분이 좋을 것 같아." 비언어적 반응 : 눈맞춤 유지 등의 태도로 감정 표현
	소극적이며 건설적	"잘 됐네." 비언어적 반응 : 적극적인 감정 표현이 거의 없음
	적극적이며 파괴적	"장담하는데, 당신은 그 당첨금에 대한 세금을 내야 할 거야. 난 뭐든 당첨된 적이 한 번도 없어." 비언어적 반응 : 부정적 정서 표현
	소극적이며 파괴적	"난 오늘 회사에서 진짜 끔찍했어." 비언어적 반응 : 눈맞춤 결여, 고개 돌리기

인간관계를 이끄는 네 가지 반응(《플로리시》, 마틴 셀리그만, 물푸레, 2001.)

이 들겠는가? 마틴 셀리그만은 네 가지의 반응 중에서 적극적이며 건설적인 반응만이 인간관계를 강화시킬 수 있다고 말했다.

오스트레일리아의 심리학자 티머시 윌슨(Timothy D. Wilson)은 '지지(support)'라는 단어를 이용해 좋은 인간관계를 형성하는 방법으로 다음의 일곱 가지를 제안했다.

S - Strength : 장점 찾기
U - Unconditional Love : 조건 없는 사랑
P - Praise : 칭찬하기
P - Positivity : 긍정적 생각
O - Openness : 열린 마음
R - Respect : 존중하기
T - Trust : 신뢰하기

상대방의 장점을 찾고, 조건 없는 사랑과 칭찬을 하며, 열린 마음으로 상대를 존중하고, 신뢰하면 그 관계는 긍정적 인간관계로 이어진다는 것이다.

하버드 의대 조지 베일런트(George E. Vaillant) 교수는 하버드대학 학생 268명의 삶을 72년간 조사한 끝에 "인생에서 가장 중요한 것은 바로 다른 사람과의 관계이다. 행복하고 건강하게 나이 들어 갈지를 결정짓는 것은 지적인 뛰어남이나 경제적 계

층이 아니라 인간관계이다."라고 주장했다.

기억할 것은 긍정적 인간관계를 이끌려면 타인에 대한 긍정적인 마음과 함께 내가 상대방을 긍정적으로 바라보고 있다는 사실을 표현해야 한다는 것이다.

인간은 혼자서 살아갈 수 없다. 타인과 관계를 형성하고 유지하는 것은 인간의 본성이다. 숨 쉬고 먹고 자는 생물학적인 차원이 아니라 삶을 영위한다는 관점에서 볼 때 인간은 다른 인간과 어울려야 하고, 그 안에서 삶의 의미를 찾아야 한다.

지금 내 삶이 지나친 경쟁 때문에 불행하다면 외부적인 여건을 바꾸려고 하기보다는 가장 손쉬운 방법으로 주변 사람과의 관계부터 개선해야 한다. 타인과의 관계를 제로섬 게임(zero sum game)으로 여기기보다는 서로 신뢰를 쌓아가는 일종의 놀이로 생각하자. 행복의 해답은 이기는 것보다 주는 것에 있다.

의미 있는 목표를 추구하라
긍정적 존재감

　마틴 셀리그만은 행복의 요소 중 하나로 '의미'를 들면서, 그 이유를 다음과 같이 밝혔다. "의미는 다른 부수적인 효과에 기대지 않고, 그 자체가 곧 행복이다. 대부분의 사람은 자신에게 중요한 의미(무형, 유형을 떠나)를 타인이 문제 삼아도 신념을 고수한다. 그 이유는 의미 그 자체에 만족하기 때문이다." 또한 의미는 행복의 다른 네 가지 요소, 즉 긍정적 정서, 몰입, 성취, 긍정적 인간관계와 독립적으로 정의되고 측정된다고 말했다. 조금 더 쉬운 말로, 의미란 나 자신을 포함한 무형·유형의 대상에게 느끼는 긍정적 존재감이다.

　하지만 의미는 행복의 다른 요소와 비교하면 상대적으로 모호하게 받아들여지는 면이 있다. 의미라고 정의 내릴 수 있는 범주가 너무 포괄적이고 주관적이기 때문이다. 예를 들어 "네게 의미 있는 것은 무엇이니?"라는 질문을 받았다고 가정해 보자. 이 질문에 사람들은 저마다 다른 것을 떠올릴 것이다. 가족, 친구, 사랑하는 사람 등 그 대상이 사람일 수도 있고, 집이나 돈, 혹은 책 등과 같이 유형적 가치를 지닌 대상일 수도 있다. 여가, 휴식, 봉사 활동처럼 정신적인 위안을 주는 무형적 가치에 의미를 두는 사람도 있을 것이다. 유년 시절에 받은 선물 등 과거의 추억도 의미의 범주 안에 들 수 있다.

이렇듯 의미는 매우 주관적이다. 하지만 그 상위 개념인 행복 역시 주관적 개념이 크게 적용된다는 것을 감안하면 주관적인 의미는 자신의 존재감으로 표출되어 행복을 위한 하나의 가치가 될 수 있다. 또한 개인이 가지고 있는 '의미(또는 의미를 두고 있는 물건)'가 긍정적 정서를 이끌어 낸다면 더더욱 행복과 관련이 있다고 할 수 있다.

협의의 의미 vs 포괄적 의미

앞서 말한 것처럼 의미라는 것은 모호하다. 의미의 모호성은 의미가 다른 행복의 요소와 비교해 독립성을 지닐 수 있는가 하는 문제에서 시작된다.

마틴 셀리그만은 의미가 긍정적 정서, 몰입, 인간관계, 성취와 상관없이 독립적으로 정의되고 측정된다고 했다. 하지만 이와 다른 해석도 가능하다. 긍정적 정서와 몰입, 인간관계, 성취 안에 의미가 이미 포함되어 있기 때문이다.

긍정적 정서가 그 자체로 개인에게 의미가 되며, 몰입을 할 때에도 그 대상이 자신에게 의미가 있어야만 진정한 몰입이라고 할 수 있다. 인간관계나 성취도 마찬가지이다. 어떤 사람이 내게 의미가 있을 때 비로소 그 관계가 긍정적으로 발전할 수 있고, 성취 역시 자신에게 중요하다고(의미가 있다고) 생각되는 것일 때 비로소 빛을 발한다. 다시 말해 의미란 인간의 행복에 필요한 다른 요소에 이미 포함된 것이라고 생각할 수 있다.

그런데 이런 모호성은 의미를 협의적으로 볼 때 발생하는 문제이다. 이 문제는 '왜 살아가는가?'라는 질문에서 답을 찾을 수 있다. 이 질문은 '삶의 목적이 무엇인가?'로 바꿀 수 있다. 긍정적 정서, 몰입, 인간관계, 성취는 삶의 만족도를 높이는 요소이지만 그 자체로 목적이 될 수는 없다. 다시 말해 사람은 즐거운 기분을 유지하기 위해, 어떠한 일에 몰입하기 위해, 사람과의 친밀감을 얻기 위해, 또는 성취만을 추구하며 살지는 않는다. 하지만 의미는 그 자체가 삶의 목적이 될 수 있다. 즉, 의미는 삶의 목적과 직접적으로 연관된다는 점에서 여타 요소와 차이가 있는 것이다. 이때 의미는 협의적 의미가 아니라 포괄적 의미이다.

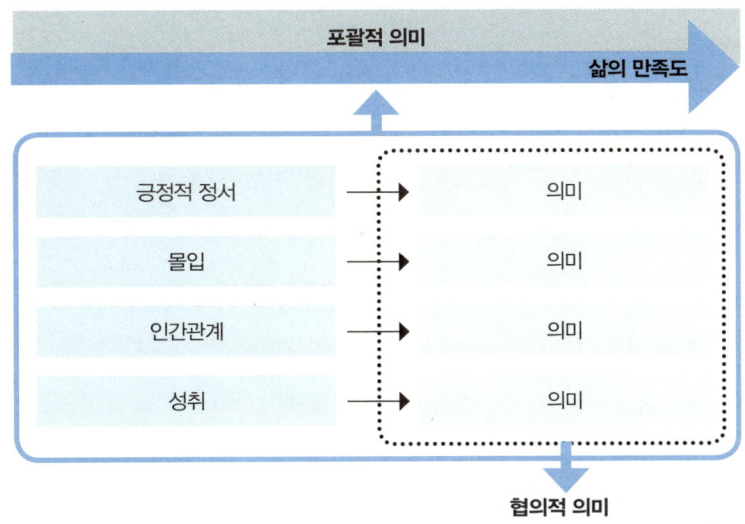

행복의 범주에서의 의미

포괄적 의미는 행복의 다른 요소와 상관없이 독립성을 갖는다.

결론적으로 '행복'의 범주에서 의미는 다음의 그림처럼 협의적 의미와 포괄적 의미를 동시에 갖고 있는 것이다. 또한 협의적 의미가 포괄적 의미로 확장되면 사람은 보다 큰 긍정적 존재감을 갖게 된다.

개인적 의미에서 사회적 의미로의 진화

마하트마 간디나 마틴 루

터 킹처럼 인류를 위해 헌신하는 삶을 사는 사람들이 있다. 그들이 자기 자신보다 타인을 위한 삶을 살았다는 것은 이견의 여지가 없다. 이들은 나 자신에게 집중한 개인적 관점에서의 의미를 추구하기보다 범인류적 차원의 의미를 추구하며 살았다.

하지만 그들이 추구한 헌신의 결과는 어떠한가? 그들은 타인에게 암살당해 생을 마감했다. 그럴 리는 없겠지만 이들이 죽는 순간 자신의 인생을 무의미하다고 생각했다고 가정해 보자. 그렇다고 그들의 인생이 개인적인 관점에서 의미가 없다고 말할 수 있을까?

그렇지 않다. 한 사람이 갖는 개인적인 의미, 즉 자신에 대한 존재감은 결과물뿐 아니라 과정에도 존재한다. 삶의 목적이란 측면에서 의미는 물론 최종 결과물에서 그 가치가 드러난다고 볼 수도 있지만, 인간은 목적을 이루기 위해 노력하는 과정에서 더 큰 기쁨을 얻는다. 또한 타인을 위하는 삶에 의미를 두고 살다가 그 결과가 개인의 삶을 뜻하지 않은 방향으로 흐르게 했다손 치더라도, 의미 그 자체가 삶의 과정을 매순간 가치 있게 한다는 측면에서 이 역시 개인적인 의미를 갖는다. 또한 이런 의미는 한 개인의 주관적인 가치를 넘어 객관적인 가치의 의미로 발전하게 된다. 즉, 의미는 다음의 그림처럼 개인적인 의미에서 출발하여 이타성을 지닌 포괄적인 의미로 확산되는 것이다.

행복의 요소로서의 의미는 개인적 관점에서 시작하지만 이것

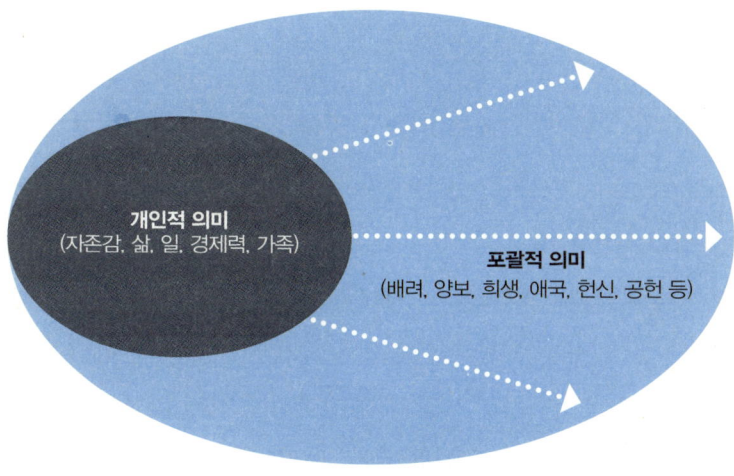

의미의 발전 방향

이 삶의 과정에서 빛을 발하고 그 깊이를 더해 갈 때 배려, 양보, 희생, 애국, 헌신, 공헌 등의 포괄적인 의미로 거듭난다. 중요한 것은 그 시작이 개인적 의미라는 것이다. 개인적 의미가 없다면 포괄적 의미로의 확산도 없다.

이제까지 의미와 존재감에 대해 알아보았다. 의미 있는 삶이 긍정적 존재감을 키우며 이것이 곧 행복한 삶으로 직결된다는 것은 자명하다. 이제 의미가 우리의 인생에 어떤 영향을 주는지, 어떻게 하면 의미 있는 인생을 살 수 있는지 알아보자.

삶의 의미는 나로부터 찾을 수 있다

마틴 셀리그만은 자신이 치료했던 한 여성의 사례를 통해 개인의 의미가 갖는 중요성에 대해 설명했다. 그는 약 6년 동안 엠마라는 여성을 치료했다. 한동안 심리치료를 받지 않던 엠마는 유일한 친구의 죽음으로 인해 다시 심리치료를 받게 되었다(이는 개인이 생각하는 의미의 상실과 연결된다). 엠마는 친구의 죽음 외에도 성장 과정에서 여러 문제가 있었다. 유아기부터 성장기, 심지어 최근까지 그녀는 학대를 받았으며, 이로 인해 중증우울증에 시달려 자살 시도까지 했다. 그녀의 가장 큰 문제는 스스로를 학대했다는 것이다. 그녀는 스스로를 '인간 쓰레기'라고 단정짓고 있었다.

마틴 셀리그만은 강점 검사를 진행했다. 검사를 진행한 결과 그녀에게서 숨겨져 있던 강점을 발견했다. 그는 엠마에게 숨은 강점으로 무엇을 할 수 있는지, 어떻게 하면 그 강점을 개발할 수 있는지 알려 주었다. 그의 도움으로 그녀는 자신이 할 수 있는 것에 대해 스스로 정리해 냈고, 이를 개발할 수 있는 각각의 단계까지 직접 설정했다. 이로써 그녀는 스스로 쓰레기라고 규정짓던 과거에서 벗어나 자기 자신에게 의미를 두고 자신의 존재감을 찾게 되었다.

마틴 셀리그만은 일반인을 대상으로 긍정심리학 웹사이트에서 우울증과 행복에 대한 연구를 진행했다. 행복도 및 우울감 측정 검사를 마친 사람들을 두 그룹으로 나누어 한 쪽에게는 유년기의 추억을 적는 연습을, 다른 한 쪽에게는 자신의 대표 강점을 적은 연습(강점 강화 연습)을 진행했다. 그 결과 유년기의 추억을 적는 연습에 참가한 사람들은 해당 연습을 진행하는 동안 행복도는 높아지고 우울감은 낮아졌다. 하지만 연습에 참여한 일주일 후 연습 이전의 수준의 행복도와 우울감으로 회귀했다. 반면 강점 강화 연습을 받은 사람들은 연습에 참가한 후 3~6개월 뒤에 우울감이 현저히 떨어졌다.

마틴 셀리그만은 대표 강점이 사람을 행복하게 하는 이유에 대해 몇 가지의 긍정적 효과를 가져오기 때문이라고 말한다. 첫째, 자신의 진정성을 알게 된다. 둘째, 자신의 강점을 사용할 때 피곤함을 느끼지 않고 오히려 즐거운 기분을 갖는다. 셋째, 자신의 강점을 활용하는 동안 기쁨, 열정, 열광은 물론 황홀경에까지 빠진다.

이 중에서도 강점 연습의 가장 큰 장점은 자기 자신에게 새로운 의미를 부여한다는 것이다. 자신에게 의미를 부여할 때 삶의 의미가 생성되고, 그 의미는 행복의 요소로 작용하게 되는 것이다.

이타적인 의미가 필요한 이유

행복은 질적 성격에 따라 다음의

세 가지로 구분할 수 있다.

첫째는 쾌락적 행복(pleasure happiness)이다. 이는 쾌락중추에 직접적인 자극을 받아 느끼게 되는 행복이다. 식욕, 갈증, 성욕 등을 해결하거나 술, 진통제, 마약 등에 의존했을 때 느끼는 순간적인 즐거움이 이에 해당된다. 이러한 즐거움은 지속적이지 않다. 생김과 동시에 소멸될 뿐만 아니라, 강렬한 쾌락성에 집착하게 되어 중독에 빠질 가능성이 매우 높다. 사람들이 게임, 도박, 마약 등을 경험하고 점점 빠져드는 것은 이것들이 모두 중독성이 강한 쾌락적 행복이기 때문이다.

둘째는 만족적 행복(satisfying happiness)이다. 이 행복은 쾌락중추의 직접적인 자극을 통해 생기는 원초적 감정으로서의 즐거움이 아니라 자기가 좋아하고 잘하는 일을 통해 얻을 수 있는 즐거움을 말한다. 우리 주변의 성공하고 출세한 사람들이 이러한 만족적 행복의 상태에 놓여 있다고 할 수 있다. 자신의 소질과 잠재 능력을 발휘해서 자신이 원하는 것을 얻어서 즐거워하는 사람들 말이다. 중요한 것은 그 동기가 타인이 아닌 자신에게서 비롯되어야 한다는 점이다. 타인이 설정해 준 목표에 의해 얻은 성취감은 허무주의로 변질될 수 있다.

셋째는 온전한 행복(authentic happiness)이다. 이 행복은 만족적 행복에 머물지 않고, 사회나 인류가 보편적으로 추구하는 미덕과 가치를 자기의 삶 속에 실현했을 때 느끼는 즐거움이다.

사회경제적으로 성공한 사람 중에서 희생, 봉사, 자선에 유달리 앞장서는 사람이 있다면, 그는 그렇지 않은 사람에 비해 더 완전한 행복을 느끼며 살고 있다고 볼 수 있다. 이른바 최고의 긍정적 존재감에 이른 것이다.

쾌락적 행복보다는 만족적 행복이 더 길고 깊고 가치가 있는 긍정적 정서를 유발한다. 그러나 만족적 행복은 개인의 출세나 성공에 기반을 둔 만족감이어서 온전한 행복에 비해 인류애적 만족과 행복감의 깊이가 덜하다. 빌 게이츠나 워렌 버핏 같은 재벌은 자신들이 축적한 부를 자선으로 환원하고 있다. 또한 카네기와 록펠러는 엄청나게 벌어들인 돈을 과학, 의학, 문화, 교육 분야에 투자하는 것으로 인생의 후반기를 보냈다. 그들은 성공이라는 만족적 행복을 넘어 온전한 행복이라는 삶의 의미를 만들어 낸 것이다.

최근 긍정심리학계에서 행해진 몇몇 연구를 살펴보면 쾌락적 행복보다 만족적 행복이, 만족적 행복보다 온전한 행복이 더 큰 행복감을 준다고 한다. 즉, 협의의 의미가 포괄적인 의미로 확장될 때 그 의미는 삶의 만족도에 더 큰 영향을 미친다.

행복의 요소에서 의미는 자기 자신의 의미를 찾고, 그 의미를 통해 삶의 만족도를 높이는 역할을 수행한다. 또한 그 의미는 자기 자신에게 국한하지 않고 이타적 의미로 확장되었을 때 더 많은 삶의 만족도를 얻을 수 있다.

행복한 성취주의자로 살아가기
자아실현적 성취

　마틴 셀리그만은 긍정심리학의 초창기 연구에서 삶의 만족도를 증대시키는 요소로 긍정적 정서, 몰입, 의미를 꼽았다. 하지만 여타 심리학자들은 위의 세 가지 요소로는 인간적인 본능에 의한 욕구를 설명할 수 없다고 지적했다. 그중 하나가 바로 승리와 정복을 향한 인간의 본성이다. 즉, 성공, 승리, 정복을 좋아하는 원초적인 본성이 충족되는 것만으로도 인간은 즐거움을 느낄 수 있다는 것이다.
　한 예로 로버트 화이트(Robert White)는 1959년 〈동기유발의 재고 : 역량이라는 개념〉이라는 연구 논문을 통해, 쥐와 인간은 단순히 환경을 지배하기 위해 행동할 때도 많다고 주장했다. 당시는 인간과 동물은 오직 생물학적 욕구를 충족시키기 위해 행동한다는 '추동 감소 이론'이 정설로 받아들여지고 있을 때였다. 하지만 그의 연구는 이를 정면으로 반박한 것으로 인간과 동물이 생물학적인 욕구가 아니라 단지 환경을 지배하기 위해 행동할 수도 있다고 결론지었다. 당시 이 이론은 주목받지 못했으나 2000년대에 이르러 인간이 지배욕과 승리욕을 채우는 것을 중요시한다는 점이 다시 부각되었다.

이런 문제에 봉착한 마틴 셀리그만은 기존의 긍정심리학에서 다루던 행복에 대해 재고하기 시작했다. 정신질환치료와 상담이 중심이었던 심리학계에 '행복론'을 도입해 신선한 반향을 일으킨 그는 "행복은 마음먹기에 달렸고 행복해지는 훈련을 통해 증진시킬 수 있다."고 주장해 왔다. 그러나 최근 셀리그만은 행복을 긍정적인 '기분'으로 설명하는 데 한계가 있음을 발견하고, 행복의 개념에 '성취'를 도입했다.

성취와 행복의 상관관계

마틴 셀리그만은 사람들이 브리지 게임에 몰두하는 이유를 주목했다. 브리지 게임은 카드 게임의 일종으로, 돈을 거는 대신에 복잡한 규칙을 통해 지적 자극을 받는다는 강점이 있다. 자신도 브리지 게임광인 셀리그만은 게임에 빠진 사람이 행복감을 느끼지 않다는 사실을 발견했다. 오히려 사람들은 전략을 세우느라 인상을 찌푸리고 게임에 질 경우 스트레스를 받았다. 셀리그만은 "그들은 심리학자들이 '몰입'이라 부르는 그 과정 자체를 즐기지도 않았고 멋진 전략을 쓰는 데 따른 만족감을 느끼지도 못했다."면서 "그들이 원하는 것은 단 하나, 무슨 수를 써서라도 이기는 것이었다."고 밝혔다. 이른바 성취 자체를 추구한다는 것이다.

이후 셀리그만은 성취감을 웰빙의 핵심 요소 중 하나로 포함시켰다. 셀리그만은 "성취감 자체가 사람들이 '진정 원하는 것'일 수 있다."면서 "역설적이게도 고된 육아 과정에서 당신의 행복을 얼마나 기꺼이 희생했느냐에 따라 행복감이 높아질 수 있다."고 밝혔다.

그가 말하는 성취란 주로 자신의 강점을 발휘할 때 얻어지며, 노력과 의지가 필요하다. 의지를 갖고 노력하는 것은 결코 쉬운 일이 아니다. 하지만 자신의 강점을 파악하고 개발하여 얻어내는 성취는 훌륭한 우울증 완화제이다. 아이가 없으면 훨씬 편하고 즐겁게 살 수 있음에도 불구하고 많은 사람이 아이를 가지려는 것도 이 같은 이유에서라는 것이 마틴 셀리그만의 주장이다.

이때 그가 말하는 성취감은 슬롯머신에서 뜻밖에 얻는 횡재와는 다르다. 공짜로 얻는 동전은 기분을 좋게 해 줄 수는 있지만 본질적인 웰빙에는 도움이 되지 않는다는 것이 그의 설명이다.

대표적인 예로 스포츠 선수를 들 수 있다. 스포츠 선수들은 기본적으로 승리를 목표로 뛴다. 승리를 성취하는 것을 목표로 삼고, 더 많은 승리를 일구기 위해 끊임없이 노력하고, 마침내 이를 이루었을 때 긍정적 정서를 갖는다. 여기에서 주목할 것은 그들이 승리 끝에 갖는 긍정적 정서는 반드시 정당한 노력과 의지를 수반한다는 점이다. 만일 성취를 위해 긴 시간 동안 인내하고 노력하지 않고 금지약물을 복용하거나 규칙 위반 같은 부정적인 방법을 사용했다면 그들에게 승리는 부정적 정서로 자리 잡게 되고 삶의 만족도도 떨어지게 된다.

원하는 것을 찾아 즐겁게 노력하라

하버드대학에서 행복학 강의를 하고 있는 탈 벤-샤하르(Tal Ben-Shahar)는 행복을 대하는 네 가지 유형을 제시했다. 첫 번째 유형은 현재의 행복을 저당 잡힌 성취주의자이다. 이들은 미래의 행복을 담보로 현재를 돌아보지 않고 끊임없이 성취를 추구한다. 두 번째 유형은 현재 시점에서의 쾌락만을 중시하는 쾌락주의자이다. 이들은 미래를 생각하지 않고 현재의 본능적인 쾌락을 탐닉하며 인생을 허비한다. 세 번째 유형은 스스로 행복하기를 포기한 허무주의자이다. 이들은 자신이 정한 목표에 도달하지 못한 후 실패에 허우적

거리다가 현재와 미래의 행복을 모두 포기한 사람들이다. 네 번째 유형은 현재와 미래가 모두 행복한 행복주의자이다. 이들은 미래의 행복을 위해 뚜렷한 목표(여기에서 목표란 자신이 진정 원하는 것을 말한다)를 세우고, 그 목표를 향해 나아가는 과정 자체를 즐기는 사람들이다. 즉, 미래의 행복이라는 결과를 만드는 현재의 과정을 즐겁게 받아들이는 사람을 말한다.

세계적으로 성공한 밴드 비틀즈의 시작은 1960년이었다. 당시 그들은 고등학생 록 밴드에 지나지 않았다. 그들은 함부르크의 클럽에서 초대를 받아 일주일간 매일 8시간에 걸친 연주를 했다. 그 시절에 대해 존 레넌은 이렇게 이야기했다.

"우리는 일주일에 7일 밤을 연주했다. 하지만 힘들다는 생각은 들지 않았다. 우리는 노래에 영혼과 마음을 담으려고 애썼다. 점점 연주 실력이 좋아졌고 자신감이 생겼다."

일주일에 7일, 매일 8시간의 연주. 일주일 동안 그들이 연주한 시간만 해도 무려 56시간이다. 여기에 연습 시간까지 감안하면 그들은 먹고 자는 시간을 뺀 나머지 시간을 모두 연주에 할애했을 것이다. 이들은 원하는 것이 명확했고, 이를 목표로 세웠으며, 그것을 이루기 위해 노력하는 과정 그 자체를 즐겼다. 그리고 마침내 그들은 성공했다. 이른바 행복한 성취주의자 반열에 오른 것이다.

사람은 누구나 무언가를 이루기 위해 노력하며 살아간다. 상급학교로 진학하기 위해, 직장을 얻기 위해, 배우자를 만나기 위해, 아이를 잘 키우기 위해 의지를 갖고 어려움을 이겨낸다. 물론 여기에는 스스로 원하지 않는 것, 자의가 아닌 타의에 의한 것도 있다. 하지만 이런 것들이 웰빙과 관련된 본질적인 성취로 이어지려면 스스로 납득할 수 있는 합당한 이유를 찾아야 하고, 과정을 즐기는 자세가 필요하다. 가장 좋은 것은 오로지 자신이 원하는 것에 매진하는 것이다. 본인의 의지와 노력이 결여된 성취는 충족감을 줄 수 없다. 다시 말해 행복한 성취주의자로 거듭나야 한다는 것이다.

이상으로 행복한 삶, 즉 웰빙의 조건에 대해 살펴보았다. 이 다섯 가지를 다시 한 번 정리해 보자. 첫째, 긍정적 정서를 강화하고, 부정적 정서를 줄이는 것이다. 둘째, 발전적인 몰입을 하는 것이다. 셋째, 긍정적 인간관계를 이루는 것이다. 넷째, 삶의 의미를 갖는 것이다. 마지막으로 행복한 성취주의자가 되는 것이다.

우리가 원하는 삶, 즉 웰빙은 위의 다섯 가지 조건이 유기적으로 갖춰질 때 이루어진다는 것이다. 이 다섯 가지는 독립된 형태로 존재할 뿐 아니라 서로 영향을 주고받으며 발전한다.

이제 스스로 질문을 던져 보자. 내 생활이 얼마나 웰빙에 가까운 모습인지 말이다. 희곡 〈파랑새〉에서 알 수 있듯이 행복은 멀리 있는 것이 아니라 우리 주변에, 아주 사소한 일상 속에 있다. 앞서 말한 웰빙의 조건은 모두 평범한 일상 속에서 충족시킬 수 있는 것들이며, 개인의 능력과 상관없이 얼마든지 발전시킬 수 있는 것들이다.

다음 장에서는 지금까지 설명한 새로운 행복 이론을 기반으로 우리 아이들에게 행복을 선사하는 행복교육에 대해 논할 것이다.

우리는 먼저 부정적 감정이
얼마나 해로운지,
또 긍정적 감정이
얼마나 이로운지 알아야 합니다.
그것을 깨달으면 우리는
어떤 어려움 앞에서도 긍정적인 마음을 잃지 않고
그 마음을 더 키우겠다고 결심하게 됩니다.
그 과정에서 서서히 변화하게 될 것이고,
마침내 알게 될 것입니다.
내 행복과 미래는 결국 내 손에 달렸다는 것을.

―달라이 라마(Dalai Lama)

현재 대한민국의 아이들은 불행하다.

미래를 위한 교육이 현재를 사는 아이들을 병들게 하고 있다.

미래를 위한 공부 때문에 아이들이 더 불행한 삶을 살고 있다면

우리가 추구해 온 교육 방식은 어떤 형태로든 변해야 한다.

2장 새로운 교육 패러다임, 행복교육

고진감래형
교육관의 허와 실

"오늘 2시간 30분 자고 다시 학교로 가는 중입니다. 지금 고3인데 이 순간만 버티면 대학에 가서 뭔가 달라질 거라 생각하고 참고 있어요. 그런데 저 수능 못 보면 어쩌죠? 그땐 진짜 죽을 거 같아요."

"수능 보고 나면요? 내가 겨우 이딴 시험 때문에 12년을 기계로 살아왔나라는 허무감에 자살하고 싶을걸요?"

2013년 9월 한 인터넷 게시판에 이런 글이 올라왔다. 2시간 30분 자고 일어나 다시 학교로 가는 고3 수험생의 글과 수험생을 위한(?) 답글이다. 언뜻 보면 웃음이 나오지만 12년간 오로지

수능만을 위해 살아야 하는 학생들의 고통이 그대로 느껴진다. 다음 그림을 보자.

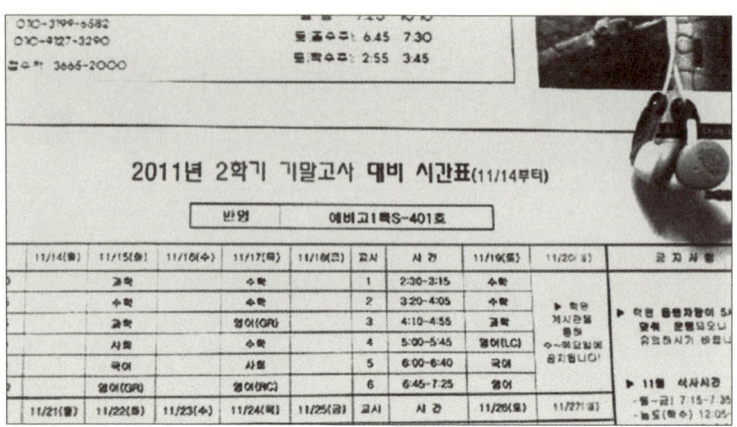

얼마 전 인터넷으로 '청소년 자살률'에 대한 자료를 검색하다가 우연히 보게 된 이미지이다. 제목은 '청소년 자살률이 왜 높은지 알려드림'이었다. 중학교 3학년의 학원 시간표로, 하루 6교시씩 수업이 진행되고 평일은 10시, 토요일은 7시 25분에 끝난다. 학교 수업시간이 6~8시간인 것을 감안하면, 중3 아이들은 하루에 12~14시간의 수업을 듣는 셈이다(여기에 0교시 수업을 감안하면 수업량은 더욱 늘어난다). 심지어 일요일의 경우 "학원 게시판을 통해 수~목요일에 공지됩니다."라는 문구도 보인다. 자세히 들여다보면 과연 밥은 제대로 먹을 수 있을까 싶다. 일과표에 따르면 식사시간이 평일 7시 15분에서 7시 35분, 토요일은 5시

45분에서 6시이다. 즉, 평일에는 20분, 토요일에는 15분 안에 식사를 마쳐야 한다. 숟가락을 놓자마자 아이들은 다시 수업을 듣기 위해 교실로 내몰린다.

여기 한 직장이 있다. 그 직장의 근무시간은 오전 8시부터 오후 10시까지이다. 하루 근무시간 14시간 중 식사시간은 점심과 저녁을 합해 40분이고, 주말에도 근무를 해야 한다. 만약 당신의 지인 중 이런 직장을 다니는 사람이 있다면 당신은 이렇게 말할지도 모른다.

"그 따위 직장, 당장 때려치워!"

명문대학을 꿈꾸는 부모들의 오류

물론 이것은 극단적인 사례이다. 하지만 정도의 차이가 있을 뿐 대한민국의 학생이라면 별반 다르지 않은 삶을 살고 있다. 이제 우리는 우리나라에서 살아가고 있는('살고'가 아닌 어쩔 수 없이 '살아가고 있는') 아이들의 삶에 대해 이야기해야 한다. 무엇 때문에 아이들은 하루에 2시간 30분만 자고, 13시간의 수업을 들으며, 새벽부터 밤늦게까지 오로지 공부에만 매달리고 있어야 하는지 그리고 어른들도 "당장 때려치워야" 마땅한 직장생활보다 더한 학교(학원)생활에 내몰려야 하는지에 대해 말이다.

그동안 부모들의 교육 목표는 단 한 가지였다.

'명문대학으로의 진학.'

그렇다면 12년간 고생해 겨우 입시전쟁에서 벗어난 대학생들은 행복할까? 총 인원 298만 8,000여 명 중 93만 3,000여 명, 총 인원 대비 31퍼센트에 해당하는 인원. 이 수치는 현재 우리나라의 대학생과 휴학생의 수치이다(2013년 1월 기준). 대학생 10명 중 3명이 휴학 중인 셈이다. 군복무 기간을 감안해도 정상적인 학과 과정을 밟지 못한 채 학업을 중단한 학생이 갈수록 늘고 있다. 학비를 벌려고 휴학하는 학생도 있고, 비좁은 취업문을 넘으려고 영어와 자격증 공부를 하느라 휴학하는 학생도 있다. 진학한 학과가 적성에 맞지 않아 재입학을 위해 휴학하고 다시 입시에 매달리는 학생도 상당수이다.

대학생의 휴학률이 높아지는 이유로는 첫째, 사회문제를 꼽을 수 있다. 높은 실업률 때문에 백수로 살아가느니 차라리 취업준비생이 되기를 선택하는 것이다. 또한 날로 높아지는 학비 때문에 학자금 대출을 받고, 대출금을 벌기 위해 어쩔 수 없이 휴학을 선택하기도 한다.

이미 알려진 사회문제는 이 정도로 이해하고 역지사지의 마음으로 아이들의 입장에서 생각해 보자. 12년간의 정기 교육 기간 동안 아이들은 오로지 유명 대학에 입학해야 한다는 하나의 목표를 위해 움직인다. 유명 대학에 입학하는 순간 12년 동안

감내했던 인고의 시간이 끝날 것이라고 생각한다. 하지만 어느 가수의 노래처럼 대학 합격자 발표날에 외쳤던 '고생 끝 행복 시작. 내 세상이 왔다.'는 이루어지지 않는다. 이제 곧 사회로 나가야 할 그들에게는 지난 12년과 똑같은, 아니 더 심한 '고생문'이 놓여 있을 뿐이다.

아이를 죽음으로 내모는 전통교육의 한계

교육부의 조사에 따르면 대학생 자살자 수는 2001년부터 2009년까지 평균 230명에 달했다. 특히 2008년에는 자살자 수가 332명으로 같은 기간 청소년 자살자 수인 137명을 넘어섰다.

실제 자살자 수도 늘고 있지만, 자살 충동을 느끼는 잠재적 자살 가능자 수도 대학생 사이에 점점 늘어가는 추세이다. 한 취업 전문 포털 사이트가 대학생 975명을 대상을 실시한 설문조사에서 '자살 충동을 느껴봤다'고 답한 학생이 전체의 88퍼센트에 달했다(2009년). 대학생 300만 명 중 270만 명이 자살 충동을 느끼고 있으며, 100만 명은 다니던 학교를 휴학하고 있는 것이다.

건국대학교 교양학부 박은미 교수는 대학생들의 자살자 수가 느는 이유로 인내심 부족과 충동 억제가 잘 이루어지지 못하는 것을 들었다. 어린 시절부터 강제적인 학습에 길들여진 탓에 스

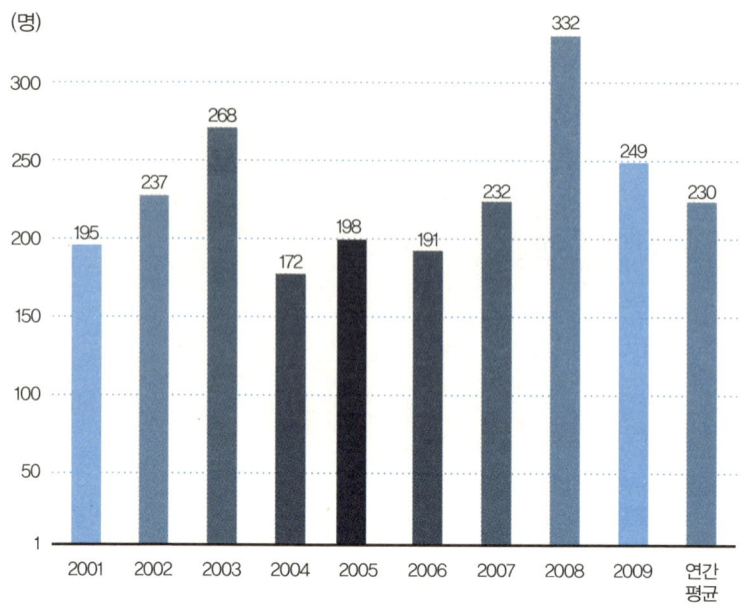

연도별 대학생 자살자 수

스로 충동을 억제하는 법을 모른다는 것이다. 또한 사회적 환경의 영향도 있음을 지적한다.

"사회가 너무 일등부터 줄을 세우고 있지 않나. 일등만 기억하는 더러운 세상이란 말이 그냥 나온 게 아니다. 특히 성취욕 높은 요즘 세대는 자기가 경쟁에서 낙오되는 것을 참을 수 없어 한다. 거기다 부모가 자식들이 경쟁에서 낙오되는 걸 참지 못해 하면 그게 다 자살 요인으로 작용할 수 있다."《오마이뉴스》, 남기인 기자, 2013. 11. 22.)

　고진감래형 교육에서 아이들에게 가르친 것은 성공, 읽고 쓰기, 규율, 순응하는 방법, 성취 등이다. 그리고 그 교육은 오로지 하나의 목표를 가지고 있다. '성공한 삶을 위해 좋은 대학에 입학하는 것'이다.

　하지만 부모와 교사들이 추구해 온 전통적 방식의 교육이 어떤 결과를 가져왔는가? 대학생 10명 중 9명이 죽음을 생각하는 현실이 이를 대변한다. 앞서 말했듯 사람은 누구나 행복을 추구하며 산다. 따라서 아이들이 교육을 받는 목적 역시 궁극적으로는 행복을 위한 것이어야 한다. 행복을 위한 학습, 학생으로서 오늘을 행복하게 살기 위한 교육이어야 한다.

　하지만 안타깝게도 현재 대한민국의 아이들은 불행하다. 미래를 위한 교육이 현재를 사는 아이들을 병들게 하고 있다. 미래를 위한 공부 때문에 아이들이 불행한 삶을 살고 있다면 우리가 추구해 온 교육 방식은 어떤 형태로든 변해야 한다. 사회 모두가 동참해야 하지만 교육의 최전선에 있는 학교와 부모가 먼저 이를 인식해야 한다. 무엇이 아이들을 위한 것인지에 대한 진지한 성찰이 필요한 때이다.

행복교육이 필요한 이유

셀리그만은 개 24마리를 세 집단으로 나누어 상자에 넣고 전기충격을 주는 실험을 진행했다. 제1그룹은 코로 조작기를 누르면 전기충격을 스스로 멈출 수 있도록 했다. 제2그룹은 전기충격을 가했을 때 어떠한 대처도 할 수 없도록 몸을 묶어 두었다. 제3그룹은 비교 집단으로 설정해 가두기만 하고 전기충격을 주지는 않았다.

24시간 후 세 그룹을 모두 다른 우리에 옮기고 전기충격을 주었다. 세 그룹 모두 중앙에 있는 담을 넘으면 전기충격을 피할 수 있었다. 하지만 실제로 전기충격을 가했을 때 이들의 반응은 달랐다. 제1그룹과 제3그룹은 담을 뛰어넘어 전기충격을 피했지만, 24시간 전에 몸이 묶여 전기충격을 고스란히 받았던 제2그룹은 구석에 웅크린 채 충격을 고스란히 받아들였다.

이러한 무기력한 행동은 인간에게도 나타난다. 인간에게 적용된 학습된 무기력 실험 연구는 셀리그만의 동료인 도널드 히로토(Donald Hiroto)에 의해 진행되었다. 히로토는 대학생을 세 그룹으로 나누어 소음을 들려주었다. 한 그룹은 도구를 누르면 소음이 꺼지도록 했고, 다른 한 그룹은 동일한 소음에 노출시키고 통제할 수 없도록 했다. 또한 비교군인 다른 한 그룹은 소음을 들려주지 않았다.

그 결과 개를 대상으로 한 실험에서처럼 도피 가능 그룹과 비교군에 속한 학생들은 조작기로 소음을 멈췄지만, 이전에 소음을 통제하지 못한 경험을 한 그룹의 학생들은 대부분 불쾌하고 고통스러운 소음을 그대로 받아들였다.

이렇듯 피할 수 없거나 극복할 수 없는 환경에 지속적으로 노출되는 경험을 하면 그 경험으로 인해 실제로 자신의 능력으로 피하거나 극복할 수 있음에도 불구하고 스스로 포기하게 되는데, 이것을 '학습된 무기력'이라고 한다.

이러한 '학습된 무기력'은 전통적 교육의 현장에서 여실히 드러났다. 앞서 우리나라 대학생의 현실에 대해 살펴보았다. 그들이 자살을 꿈꾸고 좌절감을 느끼는 이유는 12년 동안 믿고 있던 '성공'이 현실적으로 누구에게나 공평하게 주어지지 않는다는 점에서 시작하며, 이는 곧 '학습된 무기력'으로 이어진다. 오로지 하나의 목표를 향해 달려왔는데 실상 그 목표가 신기루였다면 어떨까? 더구나 그 목표를 이루기 위해 자신의 20년 인생 중 4분의 3에 해당하는 15년(정기교육에 조기교육까지 포함시켜)을 투자했다면 문제는 더 커질 수밖에 없다. 더 이상 목표를 추구하지 않는 무기력증은 물론, 현실을 비관하고 주어진 삶을 포기하는 절망을 맛보게 될 것이 자명하다.

아이에게는 '현재 진행형'의 행복이 필요하다

다시 한 번 이 질문에 대해 생각해 보자.

"아이를 교육하는 이유가 무엇인가?"

대부분의 사람은 아이의 성공을 위해서라고 답할 것이다. 그렇다면 성공적인 삶이란 무엇인가? 간단하다. 바로 행복한 삶이다. 세상의 모든 부모는 아이가 행복하길 원한다. 하지만 부모나 교사가 생각하는 행복은 현재의 행복이 아니라 미래의 행복이다. 즉, 부모들이 아이들에게 가르치는 행복은 현재진행형이 아니라 미래완료형이다. 그래서 아이들에게 이렇게 주문한다. "명문대학에 입학하면 행복할 수 있어. 좋은 직업을 가지면 행복할 수 있어."

이러한 미래완료형 행복에는 현재의 즐거움과 행복은 철저하게 배제되어 있다.

그 결과 아이들은 미래를 위해 현재 억지로 해야 하는 공부를 싫어할 수밖에 없다. 한 설문조사를 통해 15~19세의 청소년 중 68.8퍼센트가 학교생활에서 스트레스를 받는 것으로 드러났으며, 가정생활에서 스트레스를 받고 있다고 대답한 응답자도 44.7퍼센트에 달했다. 세 명 중 두 명은 학교생활에서 성적이나 교우관계로 인해 스트레스를 받고 있으며, 또 두 명 중 한 명은 가정에서조차 스트레스를 받고 있는 셈이다.

이렇듯 싫어하는 것을 반복적으로 수행하는 아이일수록, 또한 그로 인해 스트레스를 받는 아이일수록 학습된 무기력에 빠지기 쉽다. 이런 아이들은 현재 자신이 처한 상황을 무기력하게 받아들일 뿐만 아니라 자신이 원하는 것을 스스로 찾는 능력조차 상실하게 된다. 그러니 미래를 부정적으로 보고 꿈이 없다고 말하는 학생이 느는 것은 당연한 결과이다.

이를 막는 방법은 의외로 간단하다. 바로 아이들에게 현재의 즐거움을 선물하는 것이다. 현재의 즐거움을 모르는 아이는 미래의 행복을 얻을 수 없다. 아이에게 행복한 삶을 선물하려면 미래의 행복을 위해 행하는 현재의 도전도 행복하다는 마음을 심어 줘야 한다. 즉, 미래완료적 현재진행형인 행복이다. 미래의 행복이 절대적 가치의 큰 목적이라면, 현재의 즐거움은 그 큰 목적을 향해 나아가는 작은 행복이다.

　여기에서 중요한 것은 아이가 느끼는 행복이 부모의 것이 아니라 자신의 것이어야 한다는 점이다. 아이에게 필요한 것은 부모나 교사가 정해 준 예정된 미래에 저당 잡힌 행복이 아니라 현재 아이 스스로 느끼는 행복이다. 그러려면 현재의 즐거움을 찾고 스스로 행복해지는 법을 알아가는 이른바 '행복교육'이 필요하다. 아이가 진정으로 좋아하는 것을 찾고, 그것을 바탕으로 스스로 미래의 목표를 정하고, 그 목표를 향해 현재 즐겁게 노력할 수 있도록 돕는 것. 이것이 바로 아이를 위한 행복교육이다.

학습 능력을 키우는 가장 좋은 방법

　　　　　　　　　　　　　여기에서 한 가지 의문이 생길 것이다. "현재의 즐거움을 추구하다 보면 아이의 성적이 떨어질 것이고, 결국 도태되지 않을까?" 하는 의문 말이다. 하지만 이 질문은 아이가 공부를 싫어한다는 전제하에 생기는 것이다. 이 질문을 던지는 부모는 이미 공부는 지겹고 힘들며 피하고 싶은 것이라고 생각해 버린 것이다. 현재 아이를 교육하는 부모와 교사는 성장기에 억지로 하는 의미 없는 교육을 받은 세대이다. 그 결과 공부는 현재 누릴 수 있는 즐거움을 유보한 채 참아 가며 해야 하는 것이라고 생각한다. 하지만 그렇게 억지로 참아 가며 한 공부가 현재의 삶에 얼마만큼 힘이 되는지에 대해 그렇다고 자신 있게 대답할 수 있는 사람은 많지 않다. 즉, 현재 부모 세대가 온전한 교육을 받지 못했다는 사실을 부모와 교사 스스로 반증하고 있는 셈이다.

하지만 실제로는 현재의 즐거움과 행복을 아는 아이가 학습 수행 능력도 뛰어나다. 현재의 즐거움을 만끽하며 긍정적 정서를 가진 아이는 주어진 과제를 효율적으로 처리하는 능력이 있고 창의적 사고력도 높다는 것이 증명된 바 있다.

미국 노스캐롤라이나대학의 유명한 행복 전문가 바버라 프레드릭슨은 '부정적 정서'가 실행 가능한 행위에 대한 아이디어를 축소시키는 반면, '긍정적 정서'는 시야를 넓혀 주어 실행 가능한 행위에 대한 아이디어를 확장시켜 준다고 했다. 이것이 바로 그가 내세운 긍정적 정서에 관한 '확장 및 구축 이론'이다.

이 이론에 따르면 긍정적 정서는 다양한 능력을 스스로 개발하도록 하여 미래의 삶을 능숙하게 살아갈 수 있는 자산을 구축시킨다고 한다. 기쁨은 놀이와 창작의 욕구를, 흥미는 탐구와 학습의 욕구를 불러일으켜 다양한 학습 능력의 배양이 가능해지기 때문이다. 따라서 어려서부터 긍정적 정서를 지닐수록 집중력, 기억력, 언어 유창성, 개방성에서 점수가 높고, 더 넓은 시각으로 문제를 해결할 가능성이 커진다고 할 수 있다.

다음은 긍정적 정서가 사고의 확장성에 도움이 된다는 연구 결과이다.

대소 도형 매칭 과제

- 위에 있는 도형을 아래에 있는 도형과 짝지어라.

▶피실험자의 특징
  - 지엽형 특징 : 위의 도형이 마름모이므로 도형의 모양과 같은 오른쪽 아래 것을 선택
  - 개방형 특징 : 위 도형의 큰 패턴이 삼각형 구조이므로 왼쪽 아래에 있는 도형을 선택
▶1단계 : 피실험자를 두 그룹으로 나누어 한 그룹에게는 긍정적인 영화를 보여 주고, 다른 한 그룹에게는 부정적인 영화를 보여 줌
▶2단계 : 피실험자들에게 대소 도형 매칭 과제를 풀게 함
▶결과 : 긍정적인 영화를 본 피실험자군이 큰 패턴에 초점을 맞추

어 문제를 푸는 개방형 특징을 보임

행복한 아이가 학습 능력이 뛰어나다는 것은 두뇌 활동에서도 발견된다. 인간의 뇌는 크게 좌뇌와 우뇌로 구분되며, 각각 감정과 생각을 다루는 역할을 한다. 이렇듯 좌뇌와 우뇌는 독립적인 역할을 수행하는 가운데 서로 영향을 주고받으면서 발달하는데, 특히 감정을 다루는 좌뇌가 행복감을 자주 느끼면 생각을 다루는 우뇌가 더욱 활성화되는 현상을 보인다. 다시 말해 행복한 아이가 공부도 더 잘한다는 것이다.

자, 이제 우리는 아이러니한 상황에 마주쳤다. 부모와 교사는 아이의 미래완료형 행복을 위해 아이에게 절대적으로 필요한 현재의 행복을 배제해 왔다. 하지만 현재의 행복을 즐기는 아이들이 오히려 미래완료형 행복에 가까워지는 것이 과학적 실험을 통해 입증되었다.

올바른 긍정성을 키우려면

그렇다고 해서 지금까지의 교육 방식을 모두 버리고 아이가 원하는 것을 추구하라는 것은 아니다. 올바른 긍정성이란 삶의 부정적인 측면, 즉 원하는 것을 위해 참고 노력하는 자세를 무시하지 않는다. 부정적인 상황에 함께 존재하는 긍정적인 측면도 살펴보면서, 자신에게 주어진 의무에 압도되는 일 없이 다른 긍정적인 경험을 충분히 음미하는 것이 올바른 긍정성이다. 다만, 그러한 능력을 기르려면 의식적인 노력이 필요하다. 바꿔 말하면 의식적인 노력을 통해 아이의 긍정성을 상승시킬 수 있다는 말이다. 긍정성에도 연습이 필요하다.

  인류는 본능적으로 생존 가능성을 높이기 위해 부정적인 사건에 더 집중하도록 프로그래밍되어 있다. 살아남기 위해 주어진 상황을 부정적으로 보고 대비하도록 구조화되어 있다는 이야기이다. 따라서 의도적으로 긍정적인 경험을 높여야만 긍정성을 신장시킬 수 있다. 인간으로 바른 삶을 살기 위한 의무로서의 교육을 충실히 이행하는 가운데, 아이가 긍정적인 경험을 할 수 있도록 도와주는 것이 행복교육의 기본 자세이다. 지금부터라도 아이의 학교생활이 조금이라도 즐거울 수 있도록 부모와 교사 모두 힘을 합해야 한다. 그것이야말로 아이에게 그토록 바라는 '성공적인 삶'의 밑거름이라는 사실을 명심하면서 말이다.

행복교육이 불러오는 40%의 기적

소냐 류보머스키는 행복한 아동 및 청소년일수록 학업 평점이 더 높고, 더 긍정적인 정서 발달을 보이며, (취직했을 때) 더 큰 직업 만족도를 보이고, 더 행복한 중년을 보내며, 집을 떠난 후에도 가족 및 친지들과 더 자주 연락한다고 했다. 또한 그녀는 행복감을 높이는 활동으로 아동 및 청소년의 우울증과 불안감을 완화시킬 수 있다고 했다.

마틴 셀리그만도 이제는 학교에서 웰빙, 즉 행복교육을 해야 한다고 주장한다. 그는 그 이유로 다음의 세 가지를 들었다. 첫째, 우울증이 만연하고 있다. 특히 청소년의 우울증이 증가하고 있다. 둘째, 지난 두 세대에 걸쳐 행복은 아주 조금 증가했을 뿐이다. 셋째, 행복도의 증가는 교육의 목적, 즉 학습을 향상시킨다.

우리는 그의 세 번째 주장에 주목해야 한다. 그동안 우리의 교육관은 현재의 행복을 희생하면서 미래의 행복을 추구하는 것이었다. 하지만 마틴 셀리그만은 현재의 행복도가 높은 아이일수록 학습이 향상된다고 말한다. 그 이유에 대해 그는 긍정적 정서는 관심의 범위를 넓혀 주고 창의적인 사고와 포괄적인 사고를 높여 주는 반면, 부정적 정서는 관심 범위를 좁히고 비판적 사고를 높인다고 설명했다.

국영수 공부보다 선행되어야 할 것

마틴 셀리그만은 자신의 주장을 입증하기 위해 긍정심리학 교육과정이 고등학생에게 어떤 영향을 미치는지에 관한 연구를 진행했다. 필라델피아 외곽에 있는 스트래스헤이븐 고등학교 14~15세 학생 347명을 두 그룹으로 나눈 후, 한 쪽은 긍정심리학 교육을 실행했고, 비교인 다른 한 쪽은 실행하지 않았다.

참여 학생, 학부모, 교사들은 프로그램 시행 전과 시행 직후 그리고 2년 후에 각각 표준 설문지를 작성했다. 연구 결과 긍정심리학 수업을 받은 학생들은 호기심, 학구열, 창의성 등 세 가지의 강점이 향상된 것이 확인되었다. 또한 일반 언어학 점수와

작문 실력 역시 높아졌음을 확인할 수 있었다.

이처럼 행복은 비단 정서적 측면뿐 아니라 아이들의 학습 능력에도 큰 영향을 미친다. 긍정적 경험을 통해 행복감이 높아질수록 부모들이 그토록 원하는 학습 능력도 신장되는 것이다. 그렇다면 국어, 영어, 수학을 가르치기보다 아이에게 행복을 가르쳐야 하지 않을까?

행복은 단지 경험을 통해서만 체득되는 것이 아니라 훈련과 학습을 통해서도 배울 수 있다.

소냐 류보머스키는 캐나다 밴쿠버의 초등학생을 대상으로 '친절한 행동'이 교우관계에 미치는 영향에 대해 연구했다. 총 11개 학교의 19개 학급 415명을 두 집단으로 구분한 다음, 한 집단은 4주간 친절한 행동을 수행하도록 하고 다른 집단은 통제를 하지 않은 상태에서 자신의 행적만 파악하도록 했다. 4주 후 그는 '친절한 행동' 집단과 '위치 파악' 집단을 대상으로 또래들의 수용도(함께 학교생활을 하고 싶은 학생의 수)를 파악했다. '친절한 행동' 집단의 학생을 지명한 학생의 수는 1.5명으로, '위치 파악' 집단의 학생을 지명한 학생의 수는 0.7명으로 나타났다.

사례. 친절한 행동이 또래 관계에 미치는 효과

▶연구 대상 :
 - 캐나다 밴쿠버 시 4, 5, 6학년 학생 415명

- 참여 성비율 : 남성 51.8퍼센트 / 여성 48.2퍼센트
- 평균 연령 : 10.61세
- 11개교의 19개 학급

▶연구 방법 :
- 10개 학급은 4주간 친절한 행동 수행
- 9개 학급은 4주간 중립 통제(위치 파악) 활동 수행

▶연구 결과 : 또래 수용도의 변화
- 친절한 행동 집단 : 1.5명 이상
- 위치 파악 집단 : 0.7명

이 연구를 통해 타인을 위한 친절한 행동으로 아이가 효율적인 인간관계를 맺을 수 있다는 것이 증명되었다. 1장에서 언급한 웰빙의 다섯 가지 요소에 '긍정적 인간관계'가 포함되었던 것을 감안하면 타인에게 친절을 베푸는 것으로 아이의 행복감이 강화됨을 알 수 있다. 더구나 이것이 타인의 명령에 의한 의무적인 노력의 결과물이었다는 것은 우리에게 중요한 사실 하나를 상기시킨다. 바로 아이가 느끼는 행복감이 노력과 연습에 의해 얼마든지 길러질 수 있다는 점이다.

아이에게 40%의 변화 가능성을 선물하라

소냐 류보머스키는 다음과 같은 행복의 공식을 제시했다.

행복 = 50퍼센트(유전) + 10퍼센트(외부적 요인) + 40퍼센트(변화 가능성)

즉, 행복이란 유전적 성향 50퍼센트에 외부적 요인 10퍼센트, 그리고 노력을 통해 얻을 수 있는 40퍼센트의 변화 가능성으로 이루어진다는 것이다. 그녀의 말에 따르면 행복이란 어느 정도

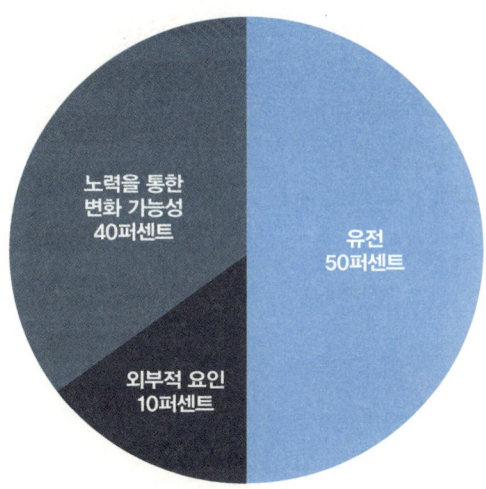

출처 : 《How to be happy》, 소냐 류보머스키, 2009
행복의 공식

유전적 성향에 의해 결정되며, 우리가 처한 외부적 환경도 행복도에 영향을 미친다. 하지만 그 정도는 미비하며 행복의 상당 부분은 행복해지려고 얼마나 노력하는가에 달려 있다.

　행복이 40퍼센트의 변화 가능성을 기반으로 충분히 습득 가능하다는 것은 아이에게 '행복' 자체를 가르칠 수 있음을 의미한다. 이 40퍼센트의 변화 가능성에 기반을 둔 교육이 바로 '행복교육'이다. 행복교육이란 아이에게 행복을 가르치는 교육인 것이다. 또한 그 변화 가능성을 토대로 외부적 요인 역시 긍정적으로 받아들일 수 있다. 행복교육으로 40퍼센트의 변화를 누린 아이는 자신이 처한 힘든 외부적 환경에 굴하지 않고 오히려 적극적으로 극복하려는 자세를 보이게 된다.

　유전적 측면의 불행감이 아이에게 보인다 해도 걱정할 일은 아니다. 선천적 장애나 예기치 않은 사고로 신체가 불편한 사람 중 끊임없는 노력으로 신체적 문제를 극복한 사람이 얼마든지 있다. 유전적인 불행감도 다르지 않다. 타고난 유전적 요인 자체를 바꿀 수는 없지만, 후천적으로 어떤 마음가짐을 가지느냐에 따라 얼마든지 달라질 수 있다. 아이의 잠재력은 부모와 교사가 상상하는 것 이상이기 때문이다. 출발은 40퍼센트의 변화 가능성이지만 부모의 노력 여하에 따라 행복교육의 효과는 무한대로 커질 수 있음을 명심하자.

아이 스스로 행복을 느끼게 하려면

행복교육은 행복의 진정한 정의와 행복해지는 법을 가르치는 것이다. 이것이 실제로 아이의 삶에 변화를 주려면 행복에 대한 추상적인 이론이 아니라 실제로 실천할 수 있는 현실적인 방법을 익히게 해야 한다. 이론적인 학습에 그칠 것이 아니라 아이들이 스스로 행복해질 수 있도록 만들어야 하는 것이다. 앞에서 이야기한 행복의 다섯 가지 조건을 떠올려 보자.

1. 긍정적 정서
2. 생산적 몰입
3. 긍정적 인간관계

4. 긍정적 존재감

5. 자아실현적 성취

   아이가 이 다섯 가지를 갖출 수 있다면 현재는 물론 미래에도 행복한 삶을 살 수 있을 것이다. 하지만 불행하게도 이것들은 몇 마디로 가르칠 수 있는 것이 아니다. 또한 "오늘은 긍정적인 정서를 배웠으니 내일은 몰입을 해보도록 하자."는 식으로 순차적으로 습득할 수 있는 것도 아니다. 위의 다섯 가지 요소는 동시다발적으로 이루어지기도 하고, 뒤늦은 결과로 따라오기도 한다.

   그렇다면 아이가 행복의 다섯 가지 요소를 갖추려면 어떤 방법이 필요할까? 나는 행복교육을 위해 다음의 전제 조건이 필요하다고 생각한다. 첫째, 아이에게 미래에 대한 '꿈', 노력에 의해 발전할 수 있다는 '희망', 자신이 원하는 '목표'가 있어야 한다. 둘째, 아이 스스로 하고 싶은 것을 선택해야 한다. 셋째, 인성을 갖추어야 한다.

   이 세 가지가 밑바탕이 된다면 행복교육은 저절로 이루어진다고 해도 과언이 아니다. 꿈, 희망, 목표는 아이들에게 삶에 대한 의미를 준다. 또한 아이들은 스스로 원하는 것을 할 때 진정한 몰입을 경험하고 스스로에 대한 가치를 인정한다. 그리고 목표를 이루기 위해(자신이 원하는 것을 목표로 삼는다는 전제가 따른다) 몰입했을 때 긍정적 성취감을 갖게 되며, 남을 위해 배려하고 감사하는 마음, 즉 바른 인성을 가질 때 긍정적 인간관계를 이끌어 낼 수 있다. 이러한 이유로 위의 세 가지가 행복교육의 전제 조건이다.

아이에게 필요한 것은 목표이다

우리나라 최초로 동계올림픽 피겨 스케이팅에서 금메달을 딴 김연아 선수. 사람들은 그녀를 두고 타고난 천재라고 극찬한다. 하지만 정작 김연아 선수는 그렇게 말하지 않는다.

"연습 또 연습. 내게 끊임없이 연습을 시키는 엄마가 너무 미웠다. 연습이 너무 힘들거나 부상을 당한 순간 정말 피겨를 그만두고 싶었다."

김연아 선수가 연기력, 뛰어난 감수성, 점프력 등 피겨 스케이팅을 하기에 이상적인 신체 조건과 타고난 감성을 갖춘 것은 분명한 사실이다. 하지만 힘든 연습과 훈련이 없었다면 지금의 김연아 선수는 존재하지 않았을 것이라는 사실도 명백하다.

사람들은 세계 최고의 선수가 된 김연아 선수의 면모를 자세히 알고 싶어 한다. 그러나 그 뒤에 숨은 그녀가 누리지 못한 것에 대해서는 무관심하다. 그녀는 또래가 마땅히 누리는 학교생활, 교우관계 등을 포기하고 오로지 연습과 훈련으로 살아왔다.

그만큼 일정 부분을 포기하고 힘든 훈련을 했기 때문에 세계 최고가 될 수 있었던 것이다.

　그렇다면 이렇게 힘든 삶을 살게 된 이유는 무엇일까? 그것은 세계 최고가 되고 싶다는 뚜렷한 목표가 있었기 때문이다. 그 목표를 이루었을 때 김연아 선수는 동계올림픽 시상식에서 눈물을 흘렸다. 그 눈물은 마침내 목표를 이루었다는 뿌듯함과 행복감의 눈물이었을 것이다.

　하지만 금메달을 딴 그녀는 그 후 예전의 경기력을 보여 주지 못했다. 이런 그녀를 두고 언론에서는 은퇴를 해야 한다는 기사를 내보냈다. 하지만 김연아 선수는 슬럼프를 딛고 다시 회복하여 최고의 기량을 선보여 2014년 소치 올림픽의 기대감을 높였다. 이미 세계 최고가 된 선수가 잃을 것이 더 많은(메달을 따지 못하면 지탄을 받을 수 있다는 부담감) 대회에 참가하기로 한 것은 그녀의 출전으로 우리나라 피겨 스케이팅 선수 두 명이 올림픽에 참가할 수 있는 자격이 주어지기 때문이다. 큰 대회의 경험이 무엇보다 중요하다는 것을 아는 그녀가 후배들을 위해 올림픽 출전을 결정했다. 물론 또다시 금메달을 따겠다는 그녀의 목표도 있겠지만, 그 이전에 우리나라 피겨 스케이팅의 발전이라는 또 다른 목표가 생긴 것이다.

　사람들은 어떤 목표를 이루고 나면, 이를 넘어선 다른 목표를 찾는다. 또한 한 번 목표를 달성한 사람은 다음 목표를 세우고 그 목표를 이루기 위해 더욱 노력한다. 목표를 이루었을 때 느끼는 행복감이 어떤 것인지 잘 알기 때문이다.

　이러한 목표는 삶을 지속적으로 발전시키는 원동력이며 삶을 살아가는 방향을 잡도록 해 준다. 반면 꿈이나 목표가 없는 사람은 앞으로 나아갈 지표를 찾지 못해 방황한다. 가야 할 곳을 모르는데 어떻게 전진할 수 있겠는가? 물론 아이가 자신이 세운 목표를 추구하면서 실패나 좌절을 겪을 수 있다. 하지만 그것은 삶을 살아가는 데 필요한 성장통이다. 그리고 아이에게는 성장통을 이겨낼 수 있는 힘이 있다. 목표가 그 성장통을 이기는 힘이 되어 준다. 미국의 전설적인 농구선수 마이클 조던은 자서전에서 다음과 같은 말을 했다.

"나는 내가 가고 싶은 길을 정확하게 알고 있었고, 그 길을 가는 데 집중했다. 내가 정한 목표를 이루면 다른 목표를 세웠다. 나는 일단 목표를 세우고 그 목표에 충실할 때는 어떤 것도 두렵지 않았다."

　목표와 그 목표를 이룬 성취감은 삶을 긍정적으로 만든다. 또한 실패했다고 해도 다시 도전할 수 있는 힘을 준다. 마이클 조던의 말처럼 목표를 세우고 그 목표를 향해 나아갈 때에는 어떤 것도 두렵지 않기 때문이다. 앞으로 살아갈 날이 더 많은 아이들에게 목표가 필요한 이유가 바로 이것이다.

원하는 것을 잘 하도록 도와주어라

앞서 이야기했듯이 목표가 있는 아이는 목표를 정하지 않은 아이보다 성공 확률이 높다. 등반을 할 때 정상에 오르겠다는 목표를 뚜렷하게 정한 사람은 그렇지 않은 사람보다 더 빠르게 정상에 오른다. 정상에 오를 의지가 없는 사람은 등반 도중 체력적인 한계를 느낄 때 포기할 가능성이 크다. 하지만 목표가 있어도 목표가 없는 사람보다 더 성공 확률이 떨어지는 경우가 있다. 그 목표가 자신이 아닌 타인에 의해 설정되었을 때이다.

인간은 유아기 이후 놀이와 공부(일)를 구분하게 되는데, 놀이를 할 때는 즐거움을 느끼지만 공부(일)를 하면 즐거움을 느끼지 못한다. 이런 아이에게 강제로 공부를 시키면 아이는 학습에 대한 흥미를 더 잃게 된다.

사람들이 하는 일은 이렇게 나눌 수 있다. 첫째 자신이 할 수 있는 일과 자신이 할 수 없는 일, 둘째 자신이 좋아하는 일과 자신이 싫어하는 일이다. 그리고 이 네 가지는 다음과 같이 정리된다.

일에 대한 분류에서 아이들이 긍정적으로 행할 수 있는 최고의 일은 당연히 '자신이 할 수 있고, 하고 싶은 일'일 것이다. 또한 그런 일을 할 때 스스로 목표를 세울 수 있으며 긍정적인 몰입을 할 수 있게 된다.

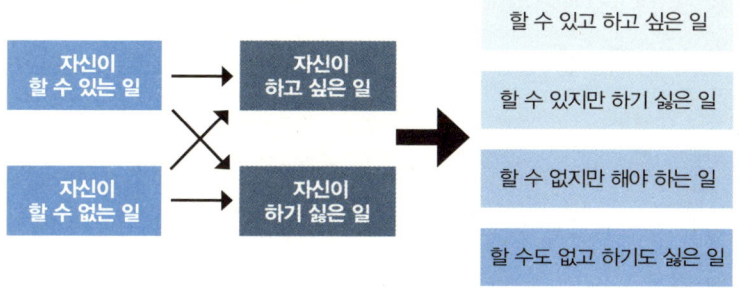

일에 대한 분류

두 번째와 세 번째의 '할 수 있지만 하기 싫은 일'과 '할 수 없지만 해야 하는 일'은 아이가 일을 함에 있어서 의미와 즐거움이 배제될 가능성이 크다. 의미와 즐거움이 없다면 몰입도 불가능하다.

하지만 아이들은 자신이 원하는 일이나 잘하는 일에 대한 판단력이 부족하다. 그렇다고 해서 부모가 아이 대신 결정의 주체가 되어서는 안 된다. 아이를 행복하게 만들려면 우선 아이가 원하는 것과 잘하는 것을 잘 파악할 수 있도록 도와야 한다. 이는 '다양한 경험'을 통해 이룰 수 있다. 시간이 걸리고 시행착오가 따르지만 아이에게 다양한 경험은 반드시 필요하다.

현재 독일 바덴뷔르템베르크 주에서는 청소년에게 다양한 직업을 체험할 수 있는 교육을 진행하고 있다. 이들의 직업체험교육은 이론과 실습을 병행하여 350개 직업이 운영되고 있다. 어릴 때부터 다양한 직업을 경험한 아이들은 성장 후 자신이 잘할 수 있는 직업을 직접 선택한다(잘하는 일과 원하는 일이 조화를 이루는 것이다).

그 결과 아이들은 실습 경험을 토대로 기술자격시험에서 95퍼센트의 합격률을 보인다. 어린 시절 경험한 직업 체험이 자신이 원하는 일을 찾을 뿐만 아니라 인생을 결정하는 데에도 도움이 된다는 증거라고 할 수 있다.

상대적으로 직업체험교육이 부족한 우리나라에서는 독서를 통해 경험의 다양성을 꾀할 수 있다. 책으로 만나는 다양한 인생을 통해 자신이 하고 싶은 것을 찾을 수 있고, 삶의 목표를 설정할 수 있는 것이다.

인성교육이 필요한 진짜 이유

소냐 류보머스키는 감사, 배려, 친절이 행복도에 미치는 연구를 진행했다. 1~3개월 동안 지원자들에게 다음과 같은 행동을 수행하도록 했다.

▶ 친절한 행동 실천하기
▶ 감사한 일 세어 보기
▶ 감사편지 쓰기

▶긍정적인 면에 집중하기

▶자신에게 가장 중요한 가치 말하기

▶가능하다고 생각되는 가장 멋진 미래 상상해 보기

▶행복한 날들을 음미하고 돌이켜보기

    10주간 진행한 실험을 통해 얻은 결과에서 '친절한 행동을 다양하게' 했던 집단은 연구 전과 비교하여 주관적인 행복감이 상승했다. 또한 감사하기를 실행했던 집단도 연구 전과 비교하여 행복도가 두 배 이상 상승했다.

    이를 바탕으로 긍정심리학에서는 친절한 행동이나 감사하기와 같은 인성교육을 중요하게 꼽는다. 마틴 셀리그만이 긍정심리학 강의에서 가장 먼저 진행하는 것도 바로 '세 가지 좋은 일 연습'이다. 자신에게 좋았던 일과 다른 사람을 즐겁게 했던 일을 실행하고 기록하는 것으로, 이는 긍정적 정서를 이루는 기본 중 하나라고 한다.

    사람들은 개인이 갖는 주관적 가치라는 이유로 행복을 자신에게만 집중한 감정이라고 생각한다. 하지만 오히려 행복은 타인에 대한 친절과 감사, 배려를 실천할 때 더 많이 생성된다. 또한 타인에 대한 친절과 배려를 위해 선행되어야 할 것이 바로 인성교육이다. 즉, 인성교육은 아이를 행복하게 만드는 밑바탕이다.

이제까지 행복과 행복교육에 대해 이야기했다. 다음 장에서는 우리나라 교육 현실에 맞는 행복교육에 대해 설명할 것이다. 그리고 현재 추진되고 있는 사례를 통해 행복교육이 아이들에게 얼마나 필요한지 알아볼 것이다.

교육의 목적은 인격의 형성,
즉 인간적인 사람을 만드는 것이다.
또한 교육의 비결은 상호존중의
묘미를 알게 하는 데 있다.
일정한 틀에 짜여진 교육은 유익하지 않다.
창조적인 표현과 지식에 대한 기쁨을
깨우쳐 주는 것이 교육자의 최고 기술이다.

-알베르트 아인슈타인(Albert Einstein)

행복교육의 기본 방침은 아이들의 꿈과 끼를 찾아주는 것이다.

다양한 체험교육을 바탕으로 자신의 숨은 끼를 찾고 미래를 꿈꾸는 아이는

어떠한 시련이 찾아와도 굴하지 않고 행복한 삶을 살아간다.

모두가 행복한 교육을 위하여

3장

대한민국의 교육도 바꾸어야 한다

 통계에 따르면 한국 초중고생의 자살률이 10만 명당 2000년 6.4명에서 2011년 9.4명으로 늘었다. 자살의 이유를 살펴보면 가정불화(44퍼센트)가 가장 많았고, 우울증(13퍼센트), 성적 비관(11퍼센트), 이성 문제(6퍼센트) 등이 뒤를 이었다. 자살한 학생 수만 두고 보면 대다수의 부모가 내 아이와는 상관없는 일이라고 여길지 모른다. 10만 명에 9.4명꼴이라면 1만 명에 1명인 셈이니, 내 아이는 9,999명에 포함되지, 설마 나머지 한 명이라고는 생각하지 않는다는 말이다.

 그렇다면 다른 측면으로 접근해 보자. 통계청이 발표한 '2010 청소년 통계'를 보면 15~19세 청소년 중 10.4퍼센트가 지난 1

년 동안 한 번 이상 자살을 생각했다고 답했다. 그중 51퍼센트는 자살을 생각한 이유로 성적 및 진학 문제를 우선으로 꼽았다. 우리나라 학생 100명 중 10명은 자살을 생각해 보았으며, 100명 중 5명은 성적 비관으로 자살을 생각하고 있다는 것이다.

또한 전체 청소년 중 68.8퍼센트는 학교생활에 스트레스를 받고 있다고 답했고, 가정에서 스트레스를 받는다는 학생도 전체 응답자 중 44퍼센트에 달했다. 아이 3명 중 2명은 학교생활, 즉 성적이나 교우관계로 스트레스를 받고 있으며, 2명 중 1명은 가정생활에서도 스트레스를 받고 있다. 더 쉽게 말해 당신의 가정에 자녀가 둘이라면 그중 하나는 학교나 집에서 스트레스를 받고 있는 셈이다. 지금 현재는 자살하지 않는 9,999명에 포함되지만 언제 극단적인 선택을 하는 1명이 될지 모른다는 것이다.

그런데 부모와 교사는 문제의 심각성을 간과하고 있다. 아이가 학교나 가정에서 힘들어하면 학창시절에 으레 겪어야 하는 통과의례 정도로 생각하고 참으라고 독려(?)한다. 체벌에 의한 통제는 거의 사라졌을지 몰라도 아이가 심적으로 받는 압박의 정도는 예전과 달라진 것이 없다. 세상은 하루가 다르게 변해 가는데 유독 교육만 과거의 모습을 답보하고 있다고 해도 과언이 아니다. 학습 형태가 외형만 바뀌었을 뿐, 추구하는 목표나 아이에게 요구하는 것은 예나 지금이나 다르지 않다.

교육 패러다임의 전환, 행복교육

고진감래형 교육 방식에서는 '공부와 성적'이 행복의 필수 조건이므로, 아이들의 행복은 대학이라는 도착점까지 유예된다. 이러한 교육 현실은 초등학생들에게 3~5개의 학원에 다니도록 요구하고 있고, 대입 수험생들에게는 수면부족에 시달려야 할 만큼 가혹한 시간 관리를 요구한다. 또한 어린 자녀를 조기 유학이라는 명목으로 이역만리 보내 가족이 모두 사서 고생하는 집도 많다. 공부를 위해 학생 당사자의 행복만 유예하는 것이 아니라, 온 가족의 행복도 기꺼이 미루는 것이 오늘날 한국의 교육 현실이다.

하지만 최근 들어 이런 고진감래형 교육의 기본 가치관이 큰 도전을 받고 있다. 맹목적으로 입시만 추구하는 자세는 여전하지만 이러한 교육 방식에 회의를 품고 다른 길을 모색하려는 움직임이 심심찮게 보인다. 이런 태동이 보이는 것은 '공부 잘해서 출세하고 부를 축적하면 행복해진다'는 가정이 더 이상 효력이 없기 때문이다. 경제학, 사회학, 긍정심리학은 출세, 성공, 돈이 행복을 보장하지 않는다는 연구 결과를 속속들이 내놓고 있다. 더구나 문명이 생긴 이래 가장 다양한 모습을 보이는 현대 사회에서 공부를 잘해 입신양명한다는 단편적인 생각이 매력적이지 않을 뿐 아니라 설득력을 갖기도 어렵다.

고진감래형 교육이 위협받는 또 다른 이유는 '현재의 행복을 포기하고 공부에 몰두할수록 학습 성과가 크다'는 가정이 계속해서 깨지고 있기 때문이다. 심리학, 사회학, 경영학, 교육학 학계의 다양한 분야에서 '행복할 때 오히려 학습을 포함한 모든 종류의 생산성이 더 증가한다'는 상반된 연구 결과를 내놓고 있다.

고진감래형 교육에 대한 이런 도전을 주도하고 있는 새로운 교육의 흐름이 바로 행복교육이다. 행복교육은 단순한 학습 방침이 아니라 교육 패러다임을 전환하기 위한 교육철학이다.

행복교육은 두 가지 큰 전제하에 이루어질 수 있다. 첫째는 '행복할 때 공부도 더 잘 되고, 성장 발달 과정에도 효과가 크다'는 것이다. 불안감과 괴로움을 참고 공부에 대한 강박적인 집념이 학습 성과를 올릴 것이라는 믿음과는 달리, 학생들은 마음이 편안하고 즐겁고 행복할 때 기억도 잘 하고 추리력과 창의성도 증가한다. 행복감은 주의 집중에도 효력을 발휘해 단시간에 더 많은 학습 효과를 기대할 수 있으며, 그러한 성과를 바탕으로 더욱 행복하게 공부하는 선순환이 이루어진다.

따라서 공부를 더 잘 하기 위해서라도 아이의 행복은 유예되어서는 안 되며, 오히려 더 활성화되어야 한다. 학생들이 공부를 잘 하려면 그들이 가정과 학교에서 더 행복감을 느끼고 더 증진시켜야 한다. 이것이 행복교육의 중요한 지향점 중 하나이다.

행복교육의 두 번째 전제는 '행복은 출세, 성공, 부의 결과물이 아니라, 그 자체로 하나의 습관이기 때문에 어릴 적부터 교육을 통해 가르쳐야 한다'는 것이다. 즉, 행복은 출세, 성공, 돈이 따라야만 얻을 수 있는 것이 아니라, 꾸준히 연습하여 습관을 들일 때 생활 속에 자리 잡는다는 것이다.

출세하고 성공하고 부를 축적해야만 행복하다면 이 세상은 불행한 사람들로 가득할 것이다. 극소수를 제외한 대다수 사람은 출세하고 성공하고 돈 많은 사람이 아니기 때문이다. 출세, 성공, 돈과 거리가 먼 사람도 얼마든지 행복하다는 것을 우리는 주변에서 확인할 수 있다. 늘 행복해 보이는 사람들을 보면 행복이 어느 순간 갑작스럽게 찾아드는 것이 아님을 알 수 있다. 작은 것에 감사하고, 가족을 비롯한 타인과 친밀한 관계를 유지하며, 매사를 긍정적으로 바라보는 사람이 그들이다. 그들은 돈이나 명예와 상관없이 일상을 행복하게 가꿀 줄 안다.

행복교육은 누구나 그 필요성을 인식하고 있는 교육의 방향임에는 분명하다. 행복교육은 단순히 행복이 좋기 때문에 가르쳐야 한다는 단순 논리로 설명할 이유가 없다. 왜냐하면 행복한 아이가 더 성공적인 삶을 영위할 수 있다는 실리적인 이유가 분명하기 때문이다. 철학적 측면과 실리적 측면을 모두 갖춘 교육법이 행복교육인 셈이다.

행복교육을 위한 세 가지 기본 조건

이전까지 고진감래형 교육은 사회 구성원을 만드는 것 자체에 목적을 두고 있었다. 학생 중 일부는 전문가를 만들어야 했고, 한편으로는 기술자를 양성해야 했다. 개인적인 삶을 우선시하기보다는 사회가 필요로 하는 인재를 양산하는 것을 더 중요하게 생각했다.

하지만 행복교육은 사회 구성원을 양성하기에 앞서 자신의 삶을 행복하게 영위할 수 있도록 하는 것에 우선 가치를 두고 있다. 현재의 생활에 행복을 느끼고 스스로 행복해지는 법을 깨우친 아이는 자연스럽게 사회에서 제몫을 찾는다. 긍정적인 마음가짐으로 자신의 존재 가치를 알고 원하는 것을 찾아 매진하면서, 올바른 인간관계를 맺고 목표를 끝끝내 성취해 내는 아이는 누가 강요하지 않아도 저절로 사회에 보탬이 되는 성인으로 자라게 마련이다.

이러한 행복교육이 이루어지려면 몇 가지 조건이 필요하다. 첫째, 아이 스스로 교육의 주체가 되어야 한다. 지금까지의 교육은 아이들 머릿속에 뭔가를 계속 집어넣기만 하는 주입식 교육이었다. 물론 전에 비해 많이 달라졌다고는 하지만, 머릿속에 일정 지식을 담아 무조건 암기하게 하는 방식은 여전하다. 더군다나 일단 집어넣은 지식은 대입수능시험 때 모조리 끄집어 낸 다음 그 뒤로는 대부분 사용하지 않게 된다.

이 시대가 필요로 하는 교육은 가르쳐서 집어넣는 방식인 '티칭(teaching)'에서 학생 스스로 배우는 '러닝(learning)'으로 나아가야 하며, 최종적으로는 이를 바탕으로 아이 스스로 생각해 내는 방식인 '싱킹(thinking)'으로 완성되어야 한다. 불행하게도 우리 교육은 지금 교사가 학생을 일방적으로 가르치는 '티칭'에 머물러 있다. 요즘 자기주도학습이 강화되어 조금씩 '러닝'으로 옮겨가고는 있지만 여전히 부족한 실정이다. 기업, 심지어 군대에서도 '싱킹'을 중요시하는 시점에서 가장 진화된 모습을 보여야 할 교육이 오히려 가장 낙후된 '티칭' 상태에 멈춰 있는 것이다. 아이 스스로 배우고 생각하게 하는 것, 즉 이것이 행복교육을 실행하기 위한 첫 번째 조건이다.

둘째, 행복교육을 구현하려면 교사가 행복해야 한다. 행복을 전수해야 할 가장 큰 주체인 교사가 불행하다면 행복교육은 성립되지 않는다. 행복하지 않은 사람이 어떻게 다른 이에게 행복을 가르칠 수 있겠는가? 교사 스스로 행복을 경험하지 못한다면 아이에게 역시 행복을 체험시킬 수 없다. 교사는 아이들로부터 존경을 받을 때 자신의 가치와 의미에 대해 행복을 느끼고, 그 행복감은 그대로 아이들에게 전이된다. 따라서 교사가 행복해질 수 있는 제도적 장치와 주변의 협조가 필요하다. 부모와 학교는 물론, 지역사회에서도 아이를 가르치는 교사가 행복을 느낄 수 있도록 배려해야 한다.

마지막으로 부모와 사회가 동시다발적으로 행복교육에 참여해야 한다. 행복교육은 교육의 새로운 패러다임이다. 수백 년간 이어진 고진감래형 교육관이 하루아침에 달라질 수는 없다. 부모와 교사는 물론 사회 전체가 아이의 행복을 위해 노력하지 않는 한, 행복교육은 쉽게 이루어질 수 없다. 행복은 교과서만으로 배우고 익힐 수 있는 것이 아니기 때문이다.

행복교육의 실현은 다음과 같이 요약된다. 학생에게는 학생으로서의 자유와 책임이 있고, 교사에게는 교사로서의 책무와 권한이 있으며, 학부모에게는 학부모로서의 권리와 역할이 있다. 또한 교육당국은 당국으로서의 의무와 책임이 있다. 모두가 자신의 자리에서 자기에게 주어진 본분을 다하는 것이 행복교육을 완성하는 바탕이 된다. 또한 이러한 기본 바탕이 톱니바퀴처럼 맞물려 움직일 때 비로소 행복교육은 완성된다.

아이에게 다양한 경험을 제공하라

　초등학교, 중학교 학부모들을 만나 자녀의 진로에 대해 이야기를 나누다 보면 아이의 앞날보다는 당장의 진학 문제, 특히 특목고나 명문 고등학교에 대해 너무 집착하고 있다는 인상을 받는다.

　사실 부모가 그토록 원하는 특목고는 특정 분야에 꿈을 갖고 있는 학생에게 양질의 교육을 제공하는 '특수한 목적'을 띤 학교이다. 외국어, 과학 등 어느 한 분야에 꿈을 갖고 뛰어난 재능을 보이는 아이들이 해당 분야를 마음껏 공부하면서 보다 일찍 그 꿈에 가깝게 다가설 수 있게 하는 것이 그 취지이다.

　그런데 현재 특목고는 그 특수한 목적을 잃고 오로지 입시만을 목적으로 한, 명문대 입학을 위한 입시학원 이상의 역할을 못하고 있다. 하지만 부모들은 오히려 이를 반기고 여기에 집중한다. 특목고에 보내면 국내 명문대는 기본이고, 미국의 아이비리그를 비롯한 외국의 명문대에 진학할 수 있다고 생각한다.

상황이 이렇다 보니 어느 순간부터 성적이 뛰어난 중3 학생들은 특목고를 지원하는 것이 당연해졌고, 마치 대학입시를 치르듯 경쟁 또한 치열하다. 일부 학부모는 특목고에 진학시키려고 초등학생 때부터 학습을 시키고 있으며, 초등학생들이 다니는 보습학원에서는 특목고 진학을 위한 특별수업을 별도로 운영하고 있다. 아이들은 꿈을 이루기 위해 특목고에 진학하는 것이 아니라 특목고 진학 자체가 꿈이 되고 있는 것이다.

하지만 여기에는 모순이 있다. 아이와 부모 모두 그렇게 원하는 유명 학교가 아이들의 꿈을 대신 꿔 주지는 않는다는 것이다. 특목고는 물론이고, 대학도 마찬가지이다. 학교나 전공은 꿈을 이루기 위해 선택해야 한다. 특목고나 명문대에 진학했다고 갑자기 꿈이 생기거나 희망이 생기지는 않는다. 중요한 것은 특목고나 명문대 진학이 아니라 꿈과 희망이 먼저여야 한다는 사실이다. 꿈이 있는 아이에게는 그 꿈을 이룰 수 있는 학교가 곧 최고의 학교이다. 반대로 꿈이 없는 아이는 어느 학교에 가든 단지 상급 학교나 좋은 직장에 이르는 스킬을 습득할 뿐이다.

꿈이 있는 아이는 어떻게 변하는가

서울여자상업고등학교 박영하 선생님에게는 독특한 출석부가 있다. 바로 '꿈 출석부'가 그것이다. 일반적인 출석 확인은 수업 시작 전에 선생님이 학생의 이름이나 번호를 불러 자리에 있는 것을 확인하는 것이 전부이다. 하지만 박영하 선생님이 출석을 확인하는 시간은 조금 다르다. 선생님이 이름을 부르면 호명당한 아이가 "네." 하는 짧은 대답 대신 이렇게 외친다.

"정직과 신뢰의 미덕으로 고객들의 자산을 투명하게 관리해 줄 공인회계사가 될 ○○○입니다.", "사랑과 봉사, 헌신의 미덕으로 사회복지사가 될 ○○○입니다.", "기쁨과 열정의 미덕으로 뮤지컬 배우가 될 ○○○입니다."

박영하 선생님의 꿈 출석부는 아이들의 태도에 변화를 가져왔다. 박영하 선생님의 수업을 들은 한 아이가 쓴 글을 살펴보자.

"1년 전 나는 언제나 빽빽한 일정 속에서 화요일 7교시 시간표를 보며 웃곤 했다. 그것은 바로 내 지친 몸과 마음을 다시 열정으로 일깨워 주는 도덕수업 시간이다. 사람이라면 누구나 자기 자신을 보고 싶어 한다. 나는 열일곱 살 나이에 나의 거울을 처음 보게 되었다. 남의 시선에 대한 두려움을 버리고 가슴 깊은 곳에서 내가 진정으로 하고 싶은 일이 무엇인지 물어보았다. 그리고 들었다. '저는 열정과 한결같음의 미덕으로 예능 관련 분야 최고의 아나운서가 될 ○○○입니다.' 친구들의 박수 소리를 듣고, 친구의 꿈을 격려해 주는 꿈 출석 부르기는 도덕수업의 도움닫기 역할을 해 준 것 같다. 무엇보다도 선생님께서 세심하고 정성을 다해 건네 주시는 응원의 메시지는 우리의 꿈에 피와 살이 되었다." (2009년 1학년 ○○○)

출처 : 〈꿈과 끼를 살리는 행복한 수업〉, 박영하, '2013 서울국제교육포럼' 발표자료

한 연구에서 대학교에 다니는 학생들을 대상으로 '목표의 유무'에 대한 행복도 조사를 진행했다. 15년 동안 피실험자들을 추적 조사했다. 15년 후 목표가 있던 학생들이 목표가 없던 학생들보다 행복도가 높은 것으로 조사되었다.

박영하 선생님의 '꿈 출석'은 단순히 아이들에게 '꿈을 이야기하는 것'에 머무르지 않았다. 꿈이 없던 아이는 '꿈 출석'을 하기 위해 자신이 원하는 것, 즉 꿈에 대해 고민하고, 그 꿈을 친구들 앞에서 공표함으로써 이를 이루려고 더 노력하게 된다. 다시 말해 꿈을 확인하는 그 짧은 시간을 통해 아이는 자신의 미래를 생각해 보고, 원하는 것을 진지하게 고민하며, 이를 바탕으로 현재 무엇을 할 것인지에 대한 단기적인 목표는 물론 장기적인 목표까지 계획하게 되는 것이다. 그리고 그 목표는 아이들에게 살아가는 원동력이 될 뿐만 아니라 행복도도 높여 준다. 이것이

바로 꿈과 희망이 아이에게 가져다주는 선물이며 놀라운 변화이다.

아이의 끼를 찾아주는 교육

2012년 한 방송 프로그램에서 조사한 설문에 따르면 초등학생 장래희망 1위가 공무원, 2위가 연예인, 3위가 운동선수였다. 한창 꿈과 희망을 키워야 하는 초등학생이 안정적인 직업인 공무원을 선택했다는 것이 참으로 씁쓸했다.

사실 아이가 갖는 꿈은 변하게 마련이다. 당시 자신이 유독 흥미를 느끼고 있는 직업군에 따라, 혹은 동경의 대상이 누구냐에 따라, 또는 부모가 무엇을 중요시하느냐에 따라 아이의 꿈은 변한다. 초등학생 설문 결과가 공무원, 연예인, 운동선수 순으로 나타난 이유는 아마 부모의 대화나 언론매체의 화젯거리 등을 통해 결정되었을 것이다. 이는 아이가 접하는 세상이 그만큼 협소하다는 것을 의미한다.

이렇듯 막연했던 꿈이 세상에 대한 시야가 확장되고 직업군에 대한 이해도가 커지면서 점점 구체화된다. 이때 꿈은 '자신이 좋아하는 것'으로 발전하게 된다. 그리고 다음 단계에서는 '자신이 잘하는 것'을 찾아 선택하게 된다. 이 과정에서 '좋아하는 것'과 '잘하는 것'의 차이를 느끼게 되는데 이 순간 아이 스스로 자신이 좋아하는 것과 잘하는 것 사이에서 절충안을 찾아 장래희망 직업으로 선택하게 된다. 이 시기가 되면 아이들의 꿈은 매우 구체적으로 발전한다.

하지만 이 과정에서 고진감래형 교육을 받는 아이들에게 문제가 발생한다. 입시 중심의 교육에서는 자신이 잘하는 것을 찾는 것보다 당장 성적을 올릴 수 있는 교육에 치중하기 때문이다. 즉, 아이들은 다양한 경험을 해볼 수 없기 때문에 자신의 끼를 찾을 수 없고, 자신이 잘하는 것을 모르기 때문에 막연한 꿈을 꾸게 된다. 막연한 꿈은 이후 그 꿈을 이루는 과정에서 자신이 잘하는 것과의 괴리가 생기며 꿈의 방향성을 잃게 된다.

다양한 직업군을 체험하게 하라

그렇다면 아이들에게 구체화된 꿈을 줄 수 있는 교육은 무엇일까? 그것은 아이 스스로 자신이 원하는 것을 찾을 수 있는 다양한 경험을 제공하는 것이다. 직업군을 다양하게 체험할수록 아이들은 자신이 무엇을 원하는지, 또 무엇을 잘할 수 있는지 고민하게 된다. 그 고민의 과정을 통해 '자신의 끼'를 찾고 자신이 진정 원하는 구체적인 꿈을 갖게 되는 것이다.

우리는 대학에 입학한 후 적성에 맞지 않아 방황하는 대학생은 물론 직장을 가진 후에도 자신의 능력과 적성이 맞지 않아 퇴사하는 사람을 많이 본다. 이는 자신이 잘하는 것에 대한 구체적인 정보가 없는 상태에서 막연하게 진로를 결정한 데서 발생하는 문제이다.

학생들이 다양한 직업군을 체험하는 과정은 미래의 직업을 바르게 선택할 확률을 높인다는 장점이 있다. 즉, 중·고등학교에서의 직업체험교육은 대학이나 사회에 나가서 발생할 수 있는 실패를 미연에 방지해 주는 효과가 있는 셈이다.

청소년 시기에 다양한 체험을 통해 스스로 끼를 발견할 수 있는 교육 방식은 독일, 일본 등에서 이미 운영되고 있다. 독일의 바덴뷔르템베르크 주에서는 직업체험교육을 받는 학생이 약 65퍼센트에 이를 정도로 활기를 띠고 있다. 이들의 직업교육은 회사에서 70퍼센트, 직업학교에서 30퍼센트씩 이루어지기 때문에 이론 교육은 물론 실용 교육까지 가능하다. 따라서 학생들은 졸업 후 바로 회사에서 근무할 수 있을 정도의 실력을 갖추게 된다.

일본에서는 총합적 학습시간을 운영하고 있다. 총합적 학습시간의 목표는 다음과 같이 명시되어 있다.

"횡단적·총합적 학습 및 탐구 학습을 통해 스스로 과제를 발견하고 배우고 생각하고 주체적으로 판단하여 문제를 해결하는 자질과 능력을 육성함과 동시에, 학습법 및 사고방식을 익히고 문제 해결 및 탐구 활동에 주체적·창조적·협동적으로 임하는 태도를 배양함으로써 자신의 삶의 방식에 대해 스스로 고찰할 수 있도록 한다."

즉, 아이가 스스로 자신의 자질을 파악하고 자기 주도적으로 학습할 수 있는 교육을 진행하고 있는 것이다.

현대 사회는 다양하고 종합적인 능력을 요구한다. 더 이상 과거와 같은 획일적인 교육으로 이러한 다양성을 채우기에는 한계가 있다. 아이들이 가지고 있는 저마다의 능력을 키우려면 먼저 아이의 끼를 찾을 수 있는 교육이 선행되어야 한다. 아이들은 다양한 경험을 통해 자신에게 숨겨져 있는 끼를 확인할 수 있으며, 그 끼를 기반으로 가장 잘 할 수 있는 일을 찾을 수 있다. 그리고 아이가 좋아하는 일은 아이가 삶을 살아가는 데 필요한 삶의 목표라는 구심점을 만들어 준다.

최근 버킷 리스트(bucket list)를 작성하는 것이 유행이다. 버킷 리스트란 자신이 죽기 전에 꼭 하고 싶은 일과 보고 싶은 것 등을 적은 목록을 가리킨다. 사람들이 버킷 리스트를 작성하는 이유는 그만큼 다양한 경험을 하고 싶다는 욕구가 있기 때문이다. 아이들도 이러한 다양한 욕구를 가지고 있다. 하지만 부모의 욕심으로 아이들의 버킷 리스트를 부모가 대신 작성한다면 아이는 다양성과 함께 꿈과 희망을 잃고 말 것이다. 아이들에게 꿈과 희망이라는 행복을 주려면 아이 스스로 버킷 리스트를 작성할 수 있는 기회를 주어야 한다. 다양한 경험을 통해 아이는 스스로 가장 잘하는 것을 찾고, 자신이 원하는 꿈과 희망을 설정할 수 있는 행복을 경험하게 될 것이다.

인성이
경쟁력이다

　교육부와 한국교육개발원이 '2013년 2차 학교 폭력 실태조사'를 진행했다. 초등학교 4학년~고등학교 2학년 약 406만 명을 대상으로 진행된 이번 조사에서 학교 폭력을 당한 경험이 있는 학생이 7만 7,000명으로 집계되었다. 이는 1.9퍼센트에 해당되는 수치이다. 2012년 1차 조사 때 12.3퍼센트에 달했던 것을 감안하면 대단한 감소 추세라고 할 수 있다. 하지만 아무리 낮은 수치라 해도 학교 폭력은 그 자체로 심각하다. 성장기의 폭력 경험은 가해자나 피해자 모두에게 심한 정신적 외상을 남기며, 이것이 미래의 삶에도 결정적인 악영향을 미치기 때문이다.
　이 자료에서 학교 폭력 피해 중 가장 높은 비중을 차지한 폭력

형태는 언어 폭력이다. 한국교원단체총연합회(한국교총)에서 교사들을 대상으로 진행한 조사에 따르면 응답자 중 57퍼센트에 해당하는 교사가 학생들의 욕설과 비속어를 매일 듣고 있으며, 응답자 중 80퍼센트가 학생들의 욕설 상태가 심각하다고 응답했다. 이러한 결과를 토대로 2013년 한국교총과 교육부는 '바른말 고운말 쓰기 운동'을 펼치고 있다. 이는 학생들에게 올바른 언어 습관을 가르쳐 학교 폭력을 예방하기 위한 것이다.

이렇듯 최근 학교에서는 다양한 인성교육 프로그램을 강화하고 있다. 학교 폭력이 발생하는 이유 역시 성적 위주의 고진감래형 교육의 부작용인 면이 있다. 즉, 성적만 우선시하는 교육으로 인해 인성교육에 그만큼 소홀했기 때문이다. 물론 인성교육의 부재를 공교육 탓으로만 돌릴 수는 없다. 기본적으로 인성교육은 공교육을 받기 전, 가정에서 먼저 시작되기 때문이다.

얼마 전 한 공무원과 대화를 나눌 기회가 있었다. 그런데 그 내용이 당혹스러웠다. 신입사원의 근무태도에 문제가 있어 이를 엄하게 지적했다고 한다. 그런데 그 다음날 그 신입사원의 어머니가 직접 전화를 해서는 "내 아들을 야단친 사람이 누구냐?"며 화를 냈다는 것이다. 이미 직장생활을 시작할 만큼 장성한 자식을 둔 부모의 태도가 이렇다. 이런 부모 밑에서 자란 아이가 제대로 된 인성을 갖추었을 리 만무하다. 올바른 사회 구성원으로 살아갈 수도 없다.

따라서 인성교육을 제대로 실현하려면 공교육의 개혁과 함께 부모들의 가치관 변화도 필요하다. 모든 사회생활의 근간이 된다는 마음으로 아이들의 인성교육에 관심을 가져야 한다.

최고의 경쟁력은 '도덕성'이다

인성은 단순히 법률, 사회적 규범, 옳고 그름에 대한 가치관의 틀 속에 머무르지 않는다. 인성은 나와 타인의 관계에서 유기적으로 성장하며 나아가 학습과 관련된 인지적 측면과도 밀접한 관계가 있다. 과거에는 인성에 대해 설명할 때 양심, 죄의식, 이타심과 같은 감정적 측면을 강조했지만 최근의 연구에서는 책임감, 자제력, 집중력과 같은 인지적 측면과 도덕성을 행하는 행동을 강조하고 있다. 이와 관련하여 서울대학교 심리학과 곽금주 교수는 정서적 측면, 인지적 측면, 행동이 어우러졌을 때 비로소 완전한 도덕성이 이루어진다고 주장한다.

예를 들어 누군가를 보고 동정심이 들었을 때(정서적 측면), 그를 도와주어야겠다고 생각하고(인지적 측면), 자신이 할 수 있는 방법 안에서 실제로 도움을 주었을 때(행동) 비로소 도덕성이 완성되는 것이다.

부모나 교사가 생각하는 인성은 정서적 측면에 머무르고 있는 경우가 많다. 그렇기 때문에 인성이 좋은 것을 단지 '착하게 사는 것'으로 받아들인다. 하지만 진정한 도덕성이란 이타심, 배려, 양심 등과 같은 정서적 가치에 자제력, 집중력, 분별력 등의 인지적 능력이 더해지고 그것이 행동으로 이어질 때 비로소 완성된다. 즉, 도덕성은 단지 '착하게 사는 것'이 아니라 자제력, 집중력, 책임감, 결단력 등의 재능이 포괄적으로 포함된 하나의 능력이다.

또한 개개의 능력을 아우르고 있기 때문에 도덕성은 그 어느 능력보다 뛰어난 가치를 지녔다고 할 수 있다. 따라서 아이들에게 인성교육이 필요한 진짜 이유는 '착하게 살게 하기 위해서'가 아니라 '도덕성이라는 능력을 심어 주기 위해서'이다.

사회가 원하는 인재의 기준

도덕성을 갖춘 인성은 삶을 살아가는 방식을 정하는 기준점으로서의 역할을 수행한다. 즉, 목표를 정하고 그 목표를 이루기 위해 행동할 때 '옳은 목표'와 '옳은 행동'을 선택할 수 있는 기준점이 되는 것이다. 분별력과 결단력은 자신이 원하는 목표를 정할 수 있게 해 주며, 자제력과 집중력은 자신이 정한 목표를 이루는 데 도움을 준다. 또한 최근에는 인성을 갖춘 사람이 좋은 직장을 다니고 성공할 확률이 높다.

최근 일반 기업들이 인재를 뽑는 기준을 살펴보자.

　① 협조심이 있는 사람
　② 책임감이 있는 사람
　③ 대인관계가 좋은 사람
　④ 적극적인 사람
　⑤ 실행력이 있는 사람
　⑥ 표현력이 있는 사람
　⑦ 업무 태도가 좋은 사람
　⑧ 자기개발 능력이 있는 사람
　⑨ 지적 능력이 있는 사람
　⑩ 유연한 사고력과 새로운 발상력이 있는 사람

①과 ③은 인성의 정서적 측면과 관련되어 있고, ②, ⑦, ⑧은 인지적 측면, ④, ⑤, ⑥은 행동과 관련이 있다. 즉, 인성을 갖춘 사람일수록 기업에서 원하는 인간상에 가까워진다는 것을 알 수 있다. 도덕성을 갖춘 아이가 성공적인 삶을 살아갈 확률이 높다는 사실을 반증하는 셈이다.

한밤중에 앞을 못 보는 사람이 물동이를 머리에 이고, 한 손에는 등불을 든 채 길을 걷고 있었다. 그와 마주친 사람이 비아냥

거리며 물었다.

"정말 어리석군요. 앞을 보지도 못하면서 등불은 왜 들고 갑니까?"

이 말을 들은 맹인이 다음과 같이 답했다.

"당신이 나와 부딪히지 않게 하려고요. 이 등불은 나를 위한 것이 아니라 당신을 위한 것입니다."

배려는 이렇듯 작은 것에서 일어나는 사람과 사람 사이의 관계에서 비롯된다.

철학자 랠프 왈도 에머슨(Ralph Waldo Emerson)은 "자신을 돕지 않고는 다른 사람을 도울 수 없다. 이것이 우리 삶의 가장 아름다운 조화이다."라고 말했다. 그의 말은 타인을 돕는 것과 내 안위를 추구하는 것은 결코 상반된 것이 아님을 의미한다. 즉, 자신을 사랑할 수 있는 사람만이 타인을 사랑할 수 있고, 자신을 위할 줄 아는 사람만이 타인 또한 위할 수 있다는 것이다.

다른 사람을 돕는 것은 의미와 즐거움을 선사한다. 의미와 즐거움은 행복한 삶을 살기 위한 조건이다. 물론 타인을 위해 배려하고 도우려면 어느 정도의 희생이 필요하다. 하지만 그 희생은 결코 자신의 삶에 피해를 주지 않는다. 오히려 그 희생은 자신의 삶을 더욱 의미 있고 윤택하게 만든다. 나를 희생하고 타인을 배려함으로써 긍정적 인간관계가 생성되고, 긍정적 인간관계는 내게 삶의 충족감을 선사하기 때문이다.

긍정적 인간관계에 따른 삶의 만족도는 아이가 성장하는 데 긍정적인 영향을 끼친다. 만족도가 높은 아이일수록 긍정적 정서를 가지게 마련이고, 이 긍정적 정서로 자신감을 갖고 삶을 살아가고 끊임없이 도전하는 자세를 갖게 된다. 이런 삶을 살아가는 아이는 결코 자신을 소홀히 대하지 않는다. 스스로를 소중히 여기고 자신의 삶에도 의미를 부여한다. 또한 자신의 삶에 의미를 실을 수 있는 아이는 그 의미에 어울리는 삶의 목표를 정하게 되고, 마침내 그 목표를 이루어 낸다.

도덕성은 이타심과 배려를 통해 '긍정적 인간관계'를 이끈다. '긍정적 인간관계'가 행복의 한 요소라고 하면 인성은 행복한 삶을 영위할 수 있는 요소라고 할 수 있다. 도덕성이 높은 아이일수록 행복할 가능성이 크다는 것을 잊어서는 안 된다.

총체적 능력 배양의 열쇠 독서교육

　2013년 11월 8일 아주 뜻 깊은 출판기념회가 열렸다. 초등학생들이 직접 동화를 써서 출간하여, 이를 축하하는 자리였다. 저자는 서울 당현초등학교 4학년 학생 124명. 이들은 직접 글을 쓰고, 그림을 그리고, 편집 디자인도 해냈다.
　동화책 제작의 시작은 1년 전으로 거슬러 올라간다. 그 시작은 학교에서 만든 독서 프로그램이었다. 학교는 학생들이 책을 꾸준히 읽을 수 있도록 아침 독서 20분, 그림책 읽어 주기, 윤독 도서 읽기 등 독서 프로그램을 운영했다. 꾸준한 독서로 아이들이 책에 흥미를 갖자 4학년 부장교사인 신현희 선생님이 동화책을 직접 만드는 일을 진행하기 시작했다. 여러 그림책을 놓고 그림책에 들어갈 이야기와 구성에 대해 아이들과 토의를 진행했다. 토의가 진행되자 아이들은 기존의 그림책에 자신만의 상상력을 더해 새로운 이야기를 만들기 시작했다. 그리고 일주일에 1권씩 '작은 책 만들기' 활동을 통해 아이들은 책을 쓰는 기쁨과 '나도 책을 만들 수 있다'는 자신감을 키웠다.

아이들은 본격적으로 그림을 그리고 이야기를 다듬었다. 각 반 선생님들은 아이들이 그린 그림을 스캔하고 이야기를 워드로 입력했다. 여기에 이미지 편집 프로그램을 다룰 수 있는 학부모들이 편집 과정을 도왔다. 이렇게 학교, 학생, 학부모가 하나가 되어 아이들의 동화책이 만들어졌다. 학교에서 추진했던 '독서 프로그램'이 하나의 작은 기적을 만든 것이다.

아이를 생각의 바다에 빠뜨려라

'다독 다작 다상량(多讀 多作 多商量)'이라는 말이 있다. 많이 읽고 많이 쓰고, 많이 생각해야 한다는 뜻으로 중국 송나라의 유명한 문인인 구양수가 '삼다(三多)'라고 하여 글을 잘 쓰는 비법으로 말한 것이다.

비단 글을 잘 쓰는 비법이 아니어도 독서의 중요성을 모르는 사람은 없다. 특히 많이 읽을수록 사고력도 덩달아 좋아진다. 〈해리포터〉나 〈반지의 제왕〉 등 최근에 소설을 영화로 제작한 작품들이 많이 선보였다. 이미 많은 사람이 읽은 소설이니만큼 검증된 스토리이기 때문이다. 하지만 정작 소설을 읽은 사람들은 영화를 본 후 실망하는 경우가 많다.

"원작보다 못해."를 시작으로 "원작을 이렇게 훼손하다니."라는 말로 불평불만을 쏟아낸다. 이미 검증된 스토리인데 왜 원작을 읽은 사람들은 영화를 보고 실망하는 것일까? 그 답은 상상력에 있다.

만화나 영화 같은 영상매체는 만화가나 영화감독이 만들어 놓은 영상을 눈으로 직접 보고 내용을 인식한다. 이미 상황이 그림이나 영상으로 펼쳐져 있기 때문에 독자나 관객의 상상력이 개입할 여지가 적다. 눈으로 본 것을 이해하면 그뿐이다.

반면 책은 눈이 아니라 머리로 스토리를 이해한다. 눈으로 읽은 글을 머릿속에서 영상화한다. 즉, 글로 되어 있는 이야기를 갖고 머릿속에서 자신만의 영화를 만드는 것이다. 이 과정에 개입하는 것이 바로 상상력이다. 소설을 읽은 사람이 영화를 본 후 실망감을 표시하는 이유는 자신이 책을 읽으면서 상상했던 영상과 실제 영화에서 표현되는 영상이 다른 것에서 발생하는 이질감 탓인 것이다.

독서를 통해 얻을 수 있는 것은 상상력에만 국한되지는 않는다. 책을 읽다 보면 그 책에 담겨 있는 주제를 파악하는 분석력은 물론 결론을 예측할 수 있는 논리력도 키울 수 있다. 즉, 독서를 통해 아이는 상상력, 분석력, 논리력 등 총체적인 사고력을 키우게 되는 것이다.

아이의 모든 능력은 독서에서 비롯된다

가톨릭대학교의 박정진 교수는 〈독서의 중요성과 효과적인 독서 지도〉(《서울교육》 211, pp. 22~29, 2013)에서 독서의 가치를 다음과 같이 정의했다.

첫째, 독서는 아이들의 뇌 발달에 중요한 영향을 미친다. 상상력을 관장하는 뇌 부위가 전두전야인데, 책을 읽는다는 것은 상상력을 자극하는 활동으로 책을 많이 읽을수록 전두전야가 훈련되어 상상력이 뛰어난 아이로 성장할 수 있다.

둘째, 독서는 앎의 즐거움, 깨달음의 즐거움, 감동의 즐거움을 준다. 독서를 통해 얻은 개개인의 즐거움은 사회를 아름답게 만드는 원천이 된다.

셋째, 독서를 통해 사회 구성원들은 고등 수준의 의사소통을 수행하게 되고, 이를 통해 각 사회는 발전적으로 유지된다. 즉, 타인이 쓴 문자 언어를 자신의 것으로 재구성하여 자신의 지식으로 만들면서 사회 전반적인 지식이 증대된다.

넷째, 독서는 문명 발달의 원천 역할을 한다. 독서를 통해 언어라는 초등 사고를 넘어 문자라는 고등 사고로의 전이를 통해 문명이 발달했다.

또한 그는 "독서의 시작은 지식이라는 원재료를 확인하는 것이고, 그 지식을 운용하여 사고하는 것이 독서의 과정이며, 이를 통해 마음을 형성하는 것이 독서의 결과이다. 이것은 독서를 많이 할수록 머릿속에서는 지식의 탐색이나 확장과 함께 고등 수준의 사고 능력이 계발되고 창의성과 인성이 강화된다는 것을 뜻한다. 이것이 독서의 가치이자 동시에 역할이라 할 수 있다."라고 말하며 독서를 통해 형성되는 인간의 능력을 다음과 같은 그림으로 표현했다.

즉, 독서는 그 자체만으로 지식을 습득하도록 하는 것은 물론, 읽고 생각하는 지적 노력을 통해 이해력, 분석력, 판단력이 증진

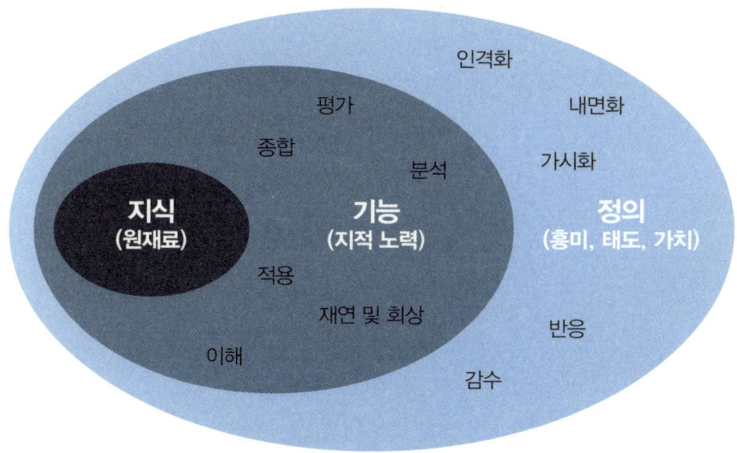

독서를 통해 형성되는 인간의 능력

되며, 이를 자신의 것으로 체화하는 과정에서 적용력이 향상된다. 또한 지적 노력으로 얻은 정의를 통해 내면적 의미가 강화되며, 그것이 인격으로 형성된다. 독서는 논리력·사고력 증진 등의 개인적 능력을 향상시킬 뿐만 아니라 인성교육도 병행되는 것이다. 단 하나의 행동만으로 인간의 능력이 총체적으로 발달할 수 있는 교육이란 없다. 하지만 독서교육은 지식과 사고력 그리고 인성을 복합적으로 요구하는 현대 사회에서 살아갈 무기가 되는 기본 교육임에는 틀림없다.

신나는 교육을 위한 제1조건, 교권의 재정립

2005년에 캐나다교사협회에서 발표한 '교사에 대한 학생·학부모 폭력 관련 실태조사'에 따르면 동료 교사가 신체적·정신적 폭력을 당하는 장면을 목격했다는 응답이 35퍼센트에 달했다. 또한 퀘벡 주 교사 2,000명을 대상으로 한 설문조사에서 무려 85퍼센트가 교직 생활 중 크고 작은 폭력을 경험한 바 있다고 답했다. 그중 학생에게 폭력을 당한 사례가 84퍼센트이고, 학부모나 보호자에게 폭력을 당한 경우도 16퍼센트에 달했다.

선진국인 캐나다의 교권 침해는 어디에서 시작된 것일까? 캐나다의 교권 붕괴는 학생권리만 강조하는 사회적 분위기에 기인한다고 한다. 또한 이제 이러한 학생들의 폭력 및 교권 붕괴는 사회적 문제로 확대되고 있다. 지구 반대편에 있는 캐나다의 이야기이지만 남의 나라 이야기로 흘려 버리기에는 우리의 교육 현실과 너무 맞닿아 있다.

2013년 4월 제주의 한 초등학교에서 학부모가 학생들이 보는 앞에서 여교사를 폭행한 사건이 있었고, 2013년 12월 12일 경기도의 한 고등학교에서 현직 교사와 학생이 서로 주먹다짐을 벌인 사건이 있었다. "스승의 그림자는 밟지도 마라."라는 말은 이제 박물관에나 들어가야 하는 옛말이 되었다.

선생님이 행복해야 아이도 행복하다

교권이 바닥을 치고 있는 데에 대한 우려는 어제오늘 나온 말이 아니다. 교권에 대한 이야기를 할 때면 먼저 지나친 체벌과 교사의 자질이 화제에 오른다. 하지만 교육 일선에서 아이들을 가르치는 교사들은 상대적 박탈감에 대해 이야기한다. 처음 교사가 되었을 때는 올바른 교육을 하겠다는 마음가짐으로 교단에 섰지만 시간이 지나면서 이상만으로는 해결할 수 없는 여러 가지 문제에 부딪쳐 의욕을 상실하고 말았으며, 아이들을 대할 때도 마음이 앞서기보다 기계적으로 대하게 된다는 것이다.

교권 붕괴는 우리나라만의 문제가 아니다. 앞서 이야기한 캐나다뿐 아니라 영국은 물론, 세계 최고 교육을 자랑하는 핀란드에서도 교권 붕괴에 몸살을 앓고 있다. 핀란드의 경우 〈2012 학업 성취도 국제비교 연구(PISA)〉 결과에서 수학, 읽기, 과학 3개 영역에서 각각 12위, 6위, 5위를 기록했다. 늘 최상위권에 있던 나라였기 때문에 그 충격이 컸다. 일부 전문가들은 핀란드 공교육의 붕괴를 교사의 권위 하락에서 그 이유를 찾는다. 학생들을 통제하지 못하고 있는 것이 교사의 의욕 상실로 이어졌고, 결국 그로 인해 학습력 저하는 물론 공교육의 기저마저 흔들리게 되었다는 것이다.

영국에서는 2011년 7월 11일 새로운 훈육 지침을 공포했다. 새로운 훈육 지침에는 교사의 물리력 사용을 허용하는 것이 포함되어 있다. 물리력 사용은 학생을 몸으로 제지하고 움직이지 못하도록 하는 것을 의미한다.

물론 교권을 살리기 위해 물리적 체벌을 늘려야 한다고 주장하는 것은 아니다. 주시해야 할 것은 위에서 소개한 여러 나라처럼 우리나라 교사들 역시 성취감 및 의욕을 상실했다는 것이다.

그래서인지 일선 교사들에게 '행복교육'에 대해 이야기하면 그들은 교사를 위한 행복교육도 필요하다고 말한다. 교사가 행복하지 않은데 어떻게 아이들에게 행복교육을 시킬 수 있느냐는 것이다.

행복은 전염성이 강한 감정이다. 행복한 상태에서 학생을 지도해야 아이들에게 진실된 행복이 전달될 수 있다. 만약 교사가 불행하다면 아이들에게 가르치는 행복교육은 그저 지식을 전달하는 탁상공론일 뿐이다.

신뢰할 수 있는 교육 현장 만들기

글로벌 교육기관인 바르키 GEMS 재단이 최근 발표한 OECD 회원국을 비롯한 주요 국가의 '교사위상지수 2013(Teacher Status Index 2013)'에 따르면 우리나라는 100점 만점에 62점을 기록했다. 이는 중국(100점)과 그리스(73.7점), 터키(68점)에 이어 4위에 해당하는 순위이다. 하지만 '학생들이 교사를 존경한다'라는 응답률은 11퍼센트로 최하위를 기록했다. 또한 교육 시스템에 대한 신뢰도는 10점 만점에 4.4점(평균 5.5점), 교사의 학업 수행 신뢰도는 5.4점(평균 6.3점)으로 평균에도 미치지 못하는 것으로 나타났다. 교사의 위상은 전 세계 4위이지만 정작 학생들은 교사를 신뢰하지 않고 존경하지도 않는다. 이것이 우리나라 교육 현실이 처한 문제이다. 교사의 사회적 위상은 어느 정도의 수준을 유지하고 있지만, 정작 교육 일선에 있는 교사들은 학생들과의 관계에서 고통을 겪고 있다.

교사에 대한 아이들의 낮은 신뢰도는 교육 현장에서 그대로 드러난다. 전부는 아니겠지만 대다수의 교사가 바른 교육을 하는 데 어려움이 있다고 말한다. 입시 위주의 정책을 따르다 보니 어쩔 수 없이 성적 관리를 중요하게 여겨야 하고, 아이들에게도 적용할 수밖에 없다는 것이다. 또한 수업 외의 과중한 업무는 학생들과 교감을 나눌 기회를 점점 더 잃게 한다는 것이 현직 교사들의 하소연이다. 더구나 학생들이 성적에만 치중하는 경향이 있고, 교사들을 그저 내신을 올리는 협력자로만 본다고 말하는 교사도 있다. 이런 상황에서 교사가 제대로 아이들을 이끌기는 어렵다. 이런 문제가 개선되려면 교권이 재정립되어야 한다.

여기서 교권 재정립이란 학생들을 체벌할 수 있도록 교권을 강화하자는 말이 아니다. 학생이 존경할 수 있는 교권, 학생과 학부모가 신뢰할 수 있는 교육 현장을 만들자는 것이다.

물론 교사에 대한 존경도가 하루아침에 높아질 수는 없다. 아이들에게 선생님을 존경해야 한다고 강조한다고 될 일도 아니다. 학생들이 교사를 존경할 수 있는 문화적 풍토를 만드는 것이 중요하다. 교사가 아이들을 가르치는 한편 자신의 행복을 가꿀 수 있는 환경이 조성되어야 하고, 자신의 능력을 개발하면서 교사로서의 가치를 인정받을 수 있는 제도적 장치도 필요하다. 이를 통해 교사 스스로 행복해질 때 비로소 아이들에게 행복을 가르칠 수 있다. 또한 이런 과정 속에서 학생들이 자연스럽게 교사를 존경하고 신뢰할 수 있게 될 때, 행복교육이 유기적으로 이루어질 수 있다.

학생에게 행복교육을 가르치는 사람은 교육 일선에 서 있는 교사들이다. 따라서 교사들이 행복하지 않다면 행복교육은 이루어질 수 없다. 교사가 행복해지려면 스스로의 가치를 창출하고, 그로 인해 학생과 학부모에게 존경받고 신뢰받을 수 있는 문화적·제도적 장치가 필요하다. 그렇게 되어야만 비로소 우리 아이들도 올바른 행복교육의 현장에서 즐겁게 공부할 수 있을 것이다.

모두가 행복한 교육 세상

"교육이 발달된 사회에서 교육의 실효성을 가늠하려면 그 교육이 학교를 졸업한 지 15년 이후에 어떤 업무에 유효한가를 보아야 한다. 길게 내다보는 교육, 길게 내다보고 뛰는 교육, 그것이 바로 우리에게 필요하다."

– 피터 드러커(Peter Drucker)

 어느 인터뷰에서 행복교육이 자리 잡기 위해 필요한 시간이 어느 정도 되느냐는 질문을 받았다. 그 질문에 나는 "한 세대가 지나야 행복교육이 자리 잡을 것이다."라고 답했다.
 한 세대라고 하면 통상 30년을 이야기한다. 아이가 태어나 성인이 되어 가정을 꾸리고 다시 아이를 낳기까지 걸리는 시간이 대략 30년 정도이기 때문이다. 내가 행복교육의 완성 기간을 30년으로 생각하는 것은 교육은 하루아침에 바뀔 수 있는 것이 아니기 때문이다.

피터 드러커의 말처럼 교육은 지금 당장 필요한 교육이 아니라 길게 내다보고, 미래를 준비하는 것이어야 한다. 또한 한 개인의 바른 성장은 물론, 그 개인이 사회에서 바른 역할을 하게 만드는 데 그 목적이 있다. 따라서 교육 패러다임의 변화는 학교에서만이 아니라 사회 전반에서 이루어져야 한다.

아이를 학교 밖으로 내보내라

"지난달에 아쉽게도 시뮬레이터 체험을 못해서 이번 달에 체험을 하고 왔습니다. 아이들 눈높이에 맞춰 설명해 주셔서 기차에 대해 더 많은 것을 알 수 있었습니다. 역무원님, 모의 운전을 지도해 주신 교수님 너무나 친절히 가르쳐 주셔서 감사합니다. 아이가 돌아오는 길에 매달 가자고 하네요. 기차 운전 체험이 무척 흥미로웠나 봅니다. 서울역 드림(dream) 체험 적극 추천합니다."

— ID : junhee(2013.10.24)

"나는 이번 여름방학에 창원대학교에서 주최하는 교육 기부를 받았다. 수학은 계산만 하는 학문인 줄 알고 큰 흥미가 없었는데 수학적 개념을 이용하여 게임과 함께 배우니 정말 재미있었다. 과학수업에서는 실제로 섬유 탈취제도 만들고 모기 퇴치제, 제습제도 만들었다. 선생님께서 우리가 만든 제습제는 햇빛에 말리면 다시 사용할 수 있다고 하셨다. 신기하고 재미난 경험이었다. 지금 나는 좋은 기부를 받고 있지만 나도 좋은 기부를 할 수 있는 사람이 되어야겠다고 생각했다."

― ID : jwj9006(2013. 8. 23)

이 두 글은 교육 기부 사이트(http://www.teachforkorea.go.kr)에 등록된 체험 후기이다. 학교에서 경험하지 못한 체험학습을 현장에 나가 직접 맛보고 실행한 후 밝힌 소감이다.

행복교육은 말 그대로 아이의 현재 삶을 행복하게 하고, 나아가 미래의 행복도 실현하게 하는 교육이다. 현재의 행복을 위해서는 교과서 밖의 산지식을 직접 체험할 수 있는 기회가 마련되어야 하고, 미래의 행복을 위해서는 숨겨진 끼를 찾고 꿈과 비전을 발견할 수 있는 학습의 장이 필요하다.

따라서 아이들에게 교과서에서는 얻을 수 없는 '체험교육'을 학교 담장 밖의 사회에서 받을 수 있는 기회를 제공해야 한다. 교사가 학교 안에서 행할 수 없는 '체험교육'을 실행하는 것이다. 이것이 가능하려면 기존의 교육 방식에서 벗어나야 한다. 성적 지향적인 교육 방식으로는 학생들이 자신의 끼를 찾고 꿈과 희망을 발견할 기회를 얻을 수 없다. 결국 학교 밖의 다양한 체험 역시 행복교육의 하위 요소가 되어야 한다.

이 같은 이유로 행복교육은 학교라는 한정된 환경에서 벗어나 보다 넓은 교육 공간이 필요하고, 전문직에 종사하는 사람들의 실질적인 교육이 필요하다. 즉, 행복교육이 제대로 이루어지려면 학교를 넘어 범사회적인 참여가 이루어져야 한다.

제2의 인생의 시작점, 평생교육

2013년 12월 12일 완주군 희망복지대학이 종강식을 가졌다. 희망복지대학은 완주군에서 운영하는 평생교육기관이다. 이곳에서는 그동안 완주군에 거주하는 노인들의 건강을 위해 생활체조, 노래교실, 웃음치료와 함께 유명인사 특강 등 수강생 맞춤형 교육을 진행해 왔다. 올해로 벌써 6기를 배출했으며, 올해 수료증을 받은 인원은 80명이다. 수료생들은 희망복지대학을 다닌 경험이 제2의 인생을 시작하기 위한 전환점이 되었다고 이야기한다.

인간의 평균수명이 130세까지 늘어난다는 이야기가 있다. 보통 직장의 정년이 65세 전후인 것을 감안하면(실제로는 이보다 훨씬 짧지만), 절반의 인생을 산 후 나머지 절반은 그동안의 삶과 결별하고 다른 인생을 살아야 한다. 그래서 최근 실버 라이프나 세컨드 라이프 등 은퇴 이후의 삶에 관심이 높다. 이렇듯 제2의 인생을 위해 반드시 필요한 것이 바로 평생교육이다.

학습공동체는 비단 학생만을 대상으로 하는 것이 아니다. 제2의 인생을 꿈꾸는 사람들에게 평생교육은 또 다른 도전을 위한 밑거름이다. 또한 누구나 행복해질 수 있는 교육이 행복교육이라는 것을 감안하면, 평생교육이야말로 행복교육의 완성이라 할 수 있다.

교육 네트워크가 행복한 사회를 만든다

행복교육의 핵심은 학생들이 학교 밖 사회에서 체험학습을 하고, 일반인들도 지역사회에서 삶의 질적 향상을 위해 혹은 제2의 인생을 구축하기 위해 무언가를 배우고 체험하는 것이다. 이는 비단 실용적 가치뿐 아니라 정서적인 충족감을 제공한다. 사람은 본능적으로 무언가를 배우고 습득하는 데서 즐거움을 얻는 존재이기 때문이다. 사람은 무언가 배우는 과정에서 자기 안에 잠자고 있던, 전혀 생각하지 못했던 재능이나 자질을 찾아내는 기쁨을 맛보게 된다. 즉, 자신조차 알지 못했던 새로운 나를 발견하고 더 나아가 나 자신을 보다 깊이 이해하는 기쁨을 느끼는 것이다. 이렇듯 기쁨을 수반하는 배움은 삶을 풍요롭게 하고 나아가 도전의식을 높인다. 배움이 또 다른 배움을 불러오는 것은 이런 이유에서이다.

대다수의 사람이 학교를 떠나면 무언가 배울 기회를 잃는다. 자격증 취득을 위해 학원을 다니지만 이는 진정한 배움이라 할 수 없다. 기쁨을 수반한 배움, 나를 발견하고 성장하게 하는 배움이 아니기 때문이다.

우리 사회가 범사회적인 교육 네트워크를 구축한다면 어떨까? 학생뿐 아니라 원하는 사람이라면 누구나 자신이 원하는 교육을 받을 수 있도록 사회 전체가 교육 시스템을 갖추는 것이다. 기업을 비롯해 지역사회가 동참한다면 적어도 개인의 행복감을 높이는 데에 큰 보탬이 될 것이다. 온 사회에 불행감이 만연하고 있는 요즘, 이를 해소할 수 있는 방법이 여기에 있는지도 모른다.

이제까지 우리는 대한민국에 행복교육이 필요한 이유와 방향에 대해 알아보았다. 다음 장에서는 행복교육을 위해 어떠한 정책이 필요하며, 그것이 실제로 어떻게 구현되고 있는지, 그에 따라 부모와 교사는 어떤 자세를 취해야 하는지에 대해 구체적으로 알아볼 것이다.

무엇이든 물어보세요
행복교육에 대하여

Q1. [행복교육 개요]

행복이라는 말이 추상적이어서인지 행복교육이 무엇인지 와닿지 않습니다. 행복교육에 대해 좀 더 간단하고 쉽게 말해 주세요.

지금까지 이어져 온 우리 교육은 한마디로 고진감래형 교육입니다. 성공을 하면 행복은 자연적으로 따라오는 선물이라고 생각하고, 학생들에게 행복은 유예한 채 오로지 성공만을 위한 공부에만 몰두하게 하는 교육이었다고 할 수 있습니다. 즉, '우수한 성적 → 명문대학 → 성공'이라는 공식에 사로잡혀 모든 학생들이 성적 향상을 위한 교과 공부에만 힘쓰는 획일적인 교육이 이루어져 왔습니다.

이런 의식이 현재 우리 마음에 자리 잡은 교육열의 본체입니다. '고생 끝에 낙이 오니, 힘들더라도 참고 공부에 전념하라'는 고집스런 자녀양육의 철학이 여기에서 발생하며, 자녀의 행복을 위한 거의 유일한 발판이 공부 잘해서 명문대학에 가도록 돕는 것이란 신앙과도 같은 믿음도 바로 여기에서 연유합니다. 그 결과 꿈과 희망을 찾지 못한 채 공부로만 내몰리는 학생들이 작은 어려움에도 쉽게 좌절하고 실의에 빠지게 되는 문제가 생기는 것이지요. 하지만 꿈과 희망이 있는 학생은 어떤 어려움 속에서도 긍정적이고 낙관적인 태도로 어려운 과제에 도전하고 해결하려고 합니다. 또한 모든 학생에게는 땅속에 숨겨진 금맥과 같은 재능이 잠재되어 있습니다. 이들에게 적절한 자극과 기회를 준다면 숨은 금맥을 캐낼 수 있지 않을까요? 행복교육은 아이 안에 숨겨진 잠재력, 즉 아이의 끼를 찾아내고 꿈을 이룰 수 있도록 도와주는 교육을 말합니다. 또한 미래의 행복을 위해 현재의 행복을 희생하는 고진감래식의 교육에서 벗어나, 현재 행복한 가운데 미래의 행복을 찾아가는 교육을 말합니다.

Q2. [행복교육 VS 고진감래형 교육]

현재의 교육관이 문제가 있는 것은 사실이지만 그동안 교육의 성과가 있었던 것이 아닌가요? 한국 학생들은 세계적인 콩쿠르, 올림피아드 등에서 좋은 결과를 냈고, 이는 한국교육이 매우 효율적이라는 것을 보여 줍니다. 그렇다면 지금의 교육 방식이 반드시 나쁘다고 말할 수만은 없지 않을까요?

한국인의 교육에 대한 열정은 미국의 오바마 대통령까지 높이 평가할 정도로 인정받고 있습니다. 질문에서처럼 세계적인 콩쿠르나 올림피아드뿐 아니라 최근에는 스포츠 분야에서도 출중한 기량을 보이고 있습니다.

그런데 이런 한국인의 높은 교육열에는 사회 역사적인 특수성이 영향을 미쳤음을 생각해 보아야 합니다. 한국은 일제강점기라는 아픈 과거가 있고, 1945년 광복 후 나라의 기틀을 제대로 세우기도 전에 6·25라는 전쟁의 참화까지 겪었습니다. 먹을 것조차 넉넉지 못한 상황에서 외국의 원조 물자에 의존하면서 우리 국민들은 가난을 대물림하지 않으려고 자식 교육에 매진했습니다. 국가적으로도 교육을 통한 인적 자원 개발과 인재 양성을 통한 경제부흥, 양질의 노동력을 통한 국가 발전 등을 도모하게 되었고, 그 결과 고도의 경제성장과 사회발전을 이루게 된 것이지요. 즉, 한국인의 교육열이 다른 나라에서는 상상도 못할 단기간의 경제 성장의 발판이 되었다고 할 수 있습니다.

하지만 이러한 교육열의 이면에는 양날의 칼과 같은 문제점이 있습니다. 성취 지향적인 면이 너무 부각되었다는 것입니다. 성취 지향적 교육은 단기간에 지식을 습득하게 하고 인내심을 길러 주는 등 나름의 장점이 있지만 교육에서 가장 중요한 것, 즉 배우는 즐거움을 빼앗는다는 치명적인 단점도 있습니다.

일례로 2012년 OECD 국제학업성취도평가에서도 전체 성적은 5위를 기록했습니다. 특히 수학은 평균 554점으로 OECD 회원국 평균 점수인 494점보다 60점이나 높았습니다. 하지만 수학의 흥미나 즐거움을 측정하는 '내적동기'지수는 65개국 중 58위였으며, 수학이 학습과 직업에 유용할 것이라는 인식을 조사하는 '도구적 가치'지수에서는 62위를 기록했습니다.

이러한 결과가 성취 지향적 교육의 문제점을 단적으로 보여주는 것이라 할 수 있습니다. 우리나라 학생들은 교육의 수준은 높지만 교육에 대한 즐거움과 흥미는 가지고 있지 않습니다. 이것은 흥미와 즐거움 또는 목적 없이 기계적으로 문제만 푸는 능력을 키웠기 때문에 발생하는 문제라고 할 수 있습니다. 배우는 즐거움을 모르는 아이는 학교를 졸업하고 난 뒤 아예 공부에 대한 관심을 끊어 버립니다. 학교를 졸업하고 나서 오히려 진정한 배움이 시작됨에도 불구하고 말이지요.

이제 '티칭(teaching)'만 강조하던 교육에서 벗어나 학생들이 주도적으로 '런닝(leaning)' 할 수 있는 교육을 만들어야 합니다. 이러한 교육의 변화가 있어야 교육의 질적·양적 성과를 얻을 수 있을 것입니다.

Q3. [행복교육의 실효성]

행복교육이 과연 실질적인 효과를 얻을 수 있을지 의문입니다. 잘못

하면 성적이나 학습 능력의 하락으로 이어질 수 있지 않을까요?

고진감래형 교육에서는 교육에 대해 다음과 같이 정의 내립니다. '현재의 행복을 포기하고 공부에만 전념할수록 공부의 성과가 크다.' 하지만 여러 연구를 통해 이러한 가정이 잘못되었음이 입증되었습니다. 다양한 사회과학(심리학, 사회학, 경영학, 교육학) 분야에서는 '행복할 때 오히려 학습을 포함한 모든 종류의 생산성이 더 증가한다'는 상반된 연구 결과를 내놓고 있습니다.

고진감래형 교육에 대한 이런 도전을 주도하는 새로운 교육의 흐름이 바로 행복교육입니다. 행복교육은 단순한 수사(修辭)가 아니라 교육 패러다임을 전환하는 하나의 교육적 전략입니다. 행복교육은 두 가지 지향점을 갖습니다.

첫째는 '행복할 때 공부도 잘 되고, 성장과 발달의 교육적 효과도 크다'는 것입니다. 긴장, 불안, 초조, 강박적 집념이 학습 성과를 올릴 것이라는 믿음과는 달리 학생들은 마음이 편안하고 즐겁고 행복할 때 기억도 잘 되고, 추리력과 창의성도 증가하며, 문제도 잘 풀고, 주의 집중도 잘 되어 학습 성과가 오히려 커집니다. 공부를 잘 하기 위해 학생들의 행복은 유예되어야 할 것이 아니라, 오히려 더 활성화되어야 합니다. 즉, 가정과 학교에서 행복한 아이일수록 공부 역시 더 잘할 확률이 높다고 할 수 있습니다.

행복교육의 두 번째 지향점은 '행복은 출세와 성공과 부의 결과물이 아니라 그 자체로 하나의 습관이기 때문에, 어릴 적부터 교육을 통해 가르쳐야 한다'는 것입니다. 즉, 행복은 출세와 성공과 돈으로 결정되는 것이 아니라, 연습을 통해 습관을 들이기 나름이라는 것이지요. 출세하고 성공하고 부자인 사람들만 행복하다면 이 세상은 불행한 사람들로만 가득할 것입니다. 왜냐하면 대부분의 사람들은 출세하고 성공하고 돈 많은 사람이 아니기 때문입니다. 우리 주변을 보면 출세와 성공과 돈과는 거리가 먼 사람도 얼마든지 행복하다는 것을 확인할 수 있습니다. 실제로 행복한 사람들을 보면 평소의 소소한 일상을 통해 행복을 느낍니다. 그러니 우리 아이들에게도 행복에 습관을 들일 기회를 주어야 합니다.

Q4. [행복교육의 운영]

행복교육은 다소 이상적인 교육관이라는 생각이 듭니다. 현재 우리나라 교육 실정과는 거리가 있는 것 같습니다. 이상과 현실 간의 조화가 필요할 것 같은데 어떻게 추진되고 있나요?

현재 교육청이 추진하고 있는 모든 사업에 행복교육의 가치가 잘 반영되어 있습니다. 이 중에서 행복교육 실현을 위해 특별히 강조하는 것은 진로·체험 활동 활성화, 창의·인성 교육 강화, 독서교육 활성화, 서울학습공동체 형성, 교원의 전문성과 자긍심 향상이라고 할 수 있습니다.

진로·체험 활동을 통한 진로교육 활성화를 위해 '중1 진로탐색 집중학년제'를 11개 연구학교에서 시범적으로 운영하고 있고, 수많은 공공기관, 기업과의 MOU를 체결하여 활발하고 의미 있는 진로 체험을 할 수 있도록 돕고 있으며, 학교·학급 단위로 행복진로캠프, 진로콘서트 등을 추진하고 있습니다.

창의·인성 교육을 강화하기 위해 걸개그림을 활용하여 유아 및 초등학교 인성교육을 강화하고 있으며, '행복출석부'를 활용한 감성적 인성교육 내실화에도 힘쓰고 있고, 인성교육 중심 수업 강화를 위한 교사 수업 연구회 및 교과 동아리 지원도 하고 있습니다.

독서교육 활성화를 위해 초등학교 전용독서시간제나 학부모 행복독서 서포터즈를 운영하고 있으며, 학교 및 공공도서관이나 평생학습관 등에 독서 관련 프로그램을 확대하여 독서문화 조성에도 힘쓰고 있습니다.

서울학습공동체 형성을 위해서는 지역사회의 다양한 교육 자원을 교육적으로 활용하기 위한 사업이 상당한 수준으로 진척되고 있으며, 서울교육재능기부단을 구성하여 지역사회의 우수한 인적 자원을 교육에 참여시키는 일도 꾸준히 추진하고 있습니다.

 마지막으로 교원들의 전문성과 자긍심 향상을 위해 모든 학교와 교육청에 교권보호위원회를 설치하여 운영하고 있으며, 스승과 제자가 함께하는 교육 활동을 활성화하기 위해 노력하고 있고, 지난 5월에 교사 힐링 콘서트를 성황리에 마쳤으며, 11월에 교원음악축제, 12월에 교원미술대전을 개최했습니다.

 이 모든 것은 행복교육이라는 슬로건 아래 실제로 추진되고 있으며, 현재 한국의 교육 현실을 충분히 감안하여 실행되고 있습니다.

교육은 사회를 개혁하기 위한 수단이다.
교육의 목적은 인간성의 조화적 발달에 있다.
교육의 목표는 머리와 손과 가슴,
지식과 기술과 도덕의 세 가지가
원만하게 조화된 전인 형성에 있다.
올바른 사회는 오직 어린이들에게
참다운 교육을 실시함으로써 이루어질 수 있다.

-요한 페스탈로치(Johann Heinrich Pestalozzi)

미래형 인재를 양성하려면 아이를 교과서 안에 가두어서는 안 된다.

아이를 학교 밖으로 내몰아야 한다.

사회가 또 다른 학교가 되어 체험학습의 터전이 되어야 한다.

학교 밖의 학교, 행복한 교육도시 만들기

4장

정보화, 국제화 시대에 이르러 직업에 대한 업무 내용이 빠르게 변하고 다양한 직업들이 계속 등장하는 요즘. 이런 변화에 대한 대처 능력을 키워야 한다는 목소리가 높다. 아이에게 진로를 체험할 수 있는 교육의 장을 마련해 주자. 다양한 진로 체험을 통해 아이는 자신에게 숨겨진 끼와 미래를 향한 꿈을 발견할 수 있다.

20년 후
청사진을 그리게 하는
진로체험교육

　다음은 어느 신문에 실린 기사를 발췌한 것이다. 한 초등학교 학생들이 학교를 나와 자신이 원하는 직업을 직접 체험해 보는 현장을 그린 기사였다.

　2013년 9월 초, 서울시 노원구 공릉동의 한 재래시장에 아이들이 분주하게 움직이는 모습이 눈에 띄었다. 바로 공릉초등학교에 다니고 있는 학생들이 하루 동안 상인, 약사, 의사, 바리스타 등 자신이 원하는 직업을 체험하는 모습이었다. 평소라면 학교에서 수업을 들어야 하는 시간이지만 이날만큼은 학교 인근이 학교였고 교실이었다. 아이들은 9월 5일과 6일 양일간 지역 인근의 일터에서 각기 다른 직업을 체험했다. 체험한 직종만 해도 30개. 직업 체험은 오전 8시 40분에 출근해서 오후 3시까지 이어졌다. 그리고 퇴근 후 학교로 모인 아이들은 그날 자신이 실제 직업인을 대상으로 진행한 인터뷰 카드와 직업 체험에 대한 소감을 작성해 하루의 체험을 정리했다.

이 체험학습을 실행한 공릉초등학교 이홍흠 교장은 직업체험 교육을 실시한 이유에 대해 이렇게 말했다. "교과서나 놀이공원식 직업 체험으로는 진짜 자신의 관심사를 알 수 없습니다. 그저 단순한 재미와 막연한 기대밖에 주지 못하는 것이지요. 아이들이 실제 직업 현장에서 일어나는 일들을 체험하게 하면서 다양한 꿈을 찾아가는 계기를 만들어 주고 싶었습니다."

실제 이날 병설유치원 교사로 일한 한 학생은 "유치원 선생님이라는 직업이 인생의 가장 기초가 되는 시기인 유아기를 책임질 수 있는 멋진 직업이라는 걸 깨닫게 됐다."고 소회를 말하기도 했다.

출처 : 《매일경제》, 2013. 9. 13., 유주연 기자

체험학습을 하면서 아이들 각자에게 맞춤형 교육을 실행하는 학교도 있다. 꿈타래학교라는 공립 대안학교가 바로 그곳이다. 이곳 학생의 60~70퍼센트는 이전 학교에서 교사와 싸우거나, 친구를 때리거나, 결석과 지각을 자주하던 아이들이다. 나머지는 학교 폭력 피해자이거나 우울증이 있는 아이들이다. 즉, 꿈타

래학교는 일반 학교에서 문제를 일으키거나 적응을 하지 못한 아이들이 마지막으로 찾는 학교이다. 그런데 이 학교의 교과과정은 여타 일반 학교와는 차이가 있다. 오전 수업은 영어와 수학 등 일반 과목을 가르친다. 하지만 오후에는 프로젝트 수업 및 체험학습 중심의 수업을 진행한다.

꿈타래학교에서 가장 중요하게 생각하는 것은 아이들의 흥미와 성취감이다. 특히 아이들의 적성이나 생활 환경을 분석하여 맞춤형 교육을 진행한다. 진로체험학습은 아이들에게 흥미는 물론 꿈과 비전을 제시하는 시간이다. 어떤 학생은 체험학습을 토대로 자격증 시험에 합격했으며, 토익시험에서 높은 점수를 얻는 학생도 있었다. 학교에서 실시한 맞춤형 교육과 체험학습을 통해 아이들의 생활이 달라진 것은 물론, 앞으로 다가올 미래도 희망적으로 바뀐 것이다.

진로체험교육을 통해 아이들이 얻는 것

진로교육이라는 말은 1970년대 이후에 등장했다. 이전까지의 교육이 직업 전선에서 일하기 위한 기술교육이었다면 자신이 원하는 직업을 찾고, 직업에 대한 적응력을 키우며, 직업생활을 영위할 수 있는 방법까지 제시하는 진로교육으로 바뀐 것이다.

이러한 사회적 요구에 따라 2009년 교육과정이 개정되었고, 학교에 창의적 체험 활동이 도입되었다. 이러한 체험 활동은 '진로와 직업' 교과의 신설을 통한 교육과정과 연계하여 운영되고 있다. 또한 최근에는 교과과정에 국한되지 않고 주말 체험교육, 진로체험교육 등 학교 안과 밖에서 진로 활동을 체험할 수 있는 기회가 다양하게 제공되고 있다.

진로체험교육의 결과는 단순히 직업을 체험하고, 추후 자신의 진로를 결정하는 것에 머무르지 않는다. 앞서 소개한 공릉초등학교의 사례에서 알 수 있듯이 어릴 때부터 직접 체험하면 사회와 직업에 대한 인식이 높아질 뿐만 아니라, 자신에게 숨은 끼와 미래를 향한 꿈을 찾을 수 있다. 또한 사춘기를 겪으며 방황하는 청소년들에게 새로운 동기를 부여하고 자신감을 줄 수 있다. 이를 통해 아이들은 스스로 자신의 진로를 개척할 수 있는 힘을 갖게 되며, 자신의 적성을 파악하고 원하는 직업에 대한 가치관을 확립하게 된다. 이는 일반 교과과정으로는 불가능한 살아 있는 교육이다. 하지만 일반 학교의 진로 탐색 프로그램만으로는 제대로 된 진로체험학습이 이루어지기 어렵다. 앉아서 듣는 교육이 아니라 자신이 원하는 일을 직접 체험하여 직업에 대한 인식을 기르고, 나아가 자신이 잘하는 분야를 더 잘할 수 있도록 실질적인 교육의 기회가 마련되어야 한다.

지역사회와 학교가 함께하는 진로 체험

내가 추진하는 진로 체험은 크게 두 가지로 요약할 수 있다. 하나는 중학교 1학년 시기에 진로 체험을 집중적으로 운영하는 '중1 진로탐색 집중학년제'이고, 또 다른 하나는 일반 고등학교의 역량을 강화하는 '일반 고등학교 점프업 프로젝트'이다.

'중1 진로탐색 집중학년제'는 중학교 1학년에게 토론, 실습, 체험을 통해 진로 탐색의 기회를 제공하여 인성적·사회적·정서적 발달을 돕는 교육 과정이다. 즉, 중학교 1학년 때 학업 스트레스를 뒤로 하고 체험을 통해 학생에게 꿈과 끼를 찾을 수 있는 기회를 제공하는 것이 목표이다.

'일반 고등학교 점프업 프로젝트'는 일반 고등학교 학생의 숨겨진 끼를 찾아 그 끼를 펼칠 수 있도록 만드는 프로젝트이다. 이를 통해 음악, 미술, 체육, 공연영상, 과학 등에 끼가 있는 일반 고등학교 학생들은 해당 분야의 전문적인 교육을 받을 수 있다.

이 두 가지 프로젝트는 모두 학생의 끼와 적성을 찾아주는 것을 목적으로 한다. 또한 추후 아이들에게 자신이 원하는 미래를 개척할 수 있는 직업 선택의 자율성을 키울 수 있도록 하는 데 의의가 있다.

진로체험교육은 관련 수업만으로 이루어지는 것이 아니라 학생들이 병원, 어린이집, 관공서 등과 같은 지역 내 일터에서 직접 직업을 체험하는 방식으로 이루어져야 한다. 간단한 직무 수행 및 직업인과의 인터뷰 등을 통해 학생은 꿈을 구체화할 수 있는 기회를 제공받을 수 있다.

이러한 실질적 직업 체험은 학교의 교과과정만으로는 이루어질 수 없다. 실질적인 체험을 할 수 있는 사회적 참여가 필요하다. 이러한 사회적 참여는 교육청과 기업이나 기관과의 MOU 체결 등을 통해 이루어질 수 있다. 이 외에 행복진로박람회 개최, 행복진로캠프 등 학생들이 진로에 관심을 가질 수 있는 프로그램이 운영되어야 한다. 학생들의 흥미를 이끌 수 있는 이 같은 체험 프로그램을 통해 학생이 스스로 꿈과 끼를 찾을 수 있다.

교육은 변화하는 사회에 맞춰, 그 사회가 원하는 인재를 양성하는 데에 목적이 있다. 특히 현대처럼 급변하는 사회에서는 세계화 및 정보화 시대에 맞춘 인재 양성이 필요하다. 하지만 이러한 사회 변화에 대응하기에 교육의 변화는 더딘 것이 사실이다. 그렇기에 학교 교과과정 외에 체험학습이 중요하다. 특히 직업 일선의 체험 기회는 학교가 아니라 지역사회에서 이루어져야 한다. 즉, 사회 자체가 아이들의 진로체험학습의 장이 되어야 한다. 그래야만 진로 직업 체험이 보다 실질적인 효과를 얻을 수 있기 때문이다.

아이 스스로
끼를 찾게 하라

 전 세계적으로 우리나라 학생들의 학업 수준은 항상 손가락으로 꼽을 수 있을 정도로 우수하다. 2012년 OECD 국제학업성취도평가(PISA)에서도 전체 성적이 5위였다. 특히 수학은 평균 554점으로 OECD 회원국 평균 점수보다 무려 60점이나 높았다. 하지만 내적동기 지수는 65개국 중에서 58위였으며, 도구적 가치지수는 62위를 기록했다.
 이는 우리나라 학생들이 자기주도적 학습에 그만큼 취약하다는 것을 보여 준다. 즉, '러닝' 없이 '티칭'만 강조하는 우리나라 주입식 교육의 폐해이다. 이러한 주입식 교육에서 벗어나기 위해 도입한 제도가 '중1 진로탐색 집중학년제'와 '자유학기제'

이다.

  이 두 제도는 학생들의 꿈과 끼를 키우는 행복교육 실현과 학생들의 능동성 및 고등 사고력 함양을 통한 교육체제 개선을 목적으로 한다는 공통점이 있다.

  하지만 자유학기제는 운영 학년이 정해져 있지 않으며 한 학기 동안 운영된다. 반면 중1 진로탐색 집중학년제는 중학교 1학년이라는 학년이 정해져 있고, 1년 동안 운영된다. 또한 자유학기제가 지필평가가 전면 폐지되는 것에 비해 중1 진로탐색 집중학년제는 수행평가와 기말고사 점수를 합산하여 성적을 산출하

항목	차이점	
	자유학기제	중1 진로탐색 집중학년제
대상 및 기간	미정(1학기)	중 1학년(1년)
평가 방식	한 학기 지필평가 폐지 및 성적 미산출	중간고사 지필평가 폐지, 과정 중심 수행평가와 기말고사 합산 성적 산출
연구학교 수	5개교	11개교
연구학교 지정기간	지정연도~2016년 2월까지	1년

연구학교 지정기간	• 꿈과 끼를 키우는 행복교육 실현이라는 취지는 동일함
	• 학생들이 고등 사고력 함양 및 교육체제의 개선 지향
	• 평가 부담 완화를 통해 진로탐색의 기회 제공
	• 수행평가 중심의 과정 평가 및 체험 중심 교육으로 전환
	• 2016년 전면 시행
	  – 2016년 고입 연구학교만 미반영
	  – 2017년 고입 1학년 전체 미반영	

자유학기제와 중1 진로탐색 집중학년제의 비교

는 것이 주요 차이점이다.

'자유학기제'라는 제도가 있음에도 불구하고, '중1 진로탐색 집중학년제'가 필요한 이유에 대해 혹자는 의문을 품기도 한다. '중1 진로탐색 집중학년제'는 '자유학기제'를 보다 강화한 제도라고 보면 된다. 또한 '자유학기제'보다 진로 교육 및 진로 체험에 더욱 중점을 두어 학생들에게 실질적인 도움을 주려는 데 목적이 있다.

진로 체험은 빠를수록 좋다

중학교 1학년은 초등교육에서 중등교육으로 넘어가는 전환기이다. 교과가 어려워져 아이들의 공부 방식이 수동적으로 변하며, 또한 성적에 민감해지는 시기이다. 이처럼 교육 방식이 급변하기 때문에 학부모와 학생은 모두 이 시기부터 본격적으로 학업 스트레스를 받는다.

그런 와중에 학생은 특목고를 갈 것인지, 일반고를 갈 것인지 등에 대한 실질적인 진로 탐색을 시작해야 한다. 성적에 대한 고민과 함께 미래에 대한 고민을 동시에 해야 한다. 여기에 자신의 정체성에 대한 고민이 더 들어간다. 자신이 어떤 성향인지, 무엇을 좋아하는지, 무엇을 잘할 수 있는지 등에 대한 고민이 해결되어야 미래에 대한 고민도 해결될 수 있다.

바로 이 시기에 자신을 이해해야 올바른 자기 정체성을 확립할 수 있다. 자기 정체성을 확립하기 위해 무엇보다 중요한 것은 다양한 체험이다. 즉, 다양한 체험과 경험을 통해 자기를 이해하고 이를 통해 자기 정체성을 확고히 할 수 있는 것이다. 또한 자기 정체성을 확립해 나가야 미래에 대한 청사진도 그려 볼 수 있다.

이때 이 모든 것을 가능하게 하는 것이 바로 다양한 진로 체험이다. 다양한 진로 체험을 통해 학생들은 자신의 끼를 찾고, 꿈과 목표를 설정할 수 있는 기회를 얻을 수 있다. 중학교 1학년 때 자기 정체성을 확립하게 되면 아이들은 주도적 태도로 삶을 개척하는 자세를 갖추게 된다.

진로 체험 활동은 어떻게 운영될까?

'중1 진로탐색 집중학년제' 평가는 기말고사 지필평가와 수행평가, 진로탐색 수행평가로 구분된다. 수행평가의 비율은 기말평가의 50퍼센트 이상으로 산정해 결과보다 과정을 중요시할 수 있는 교육의 토대가 되도록 운영한다. 수행평가는 토론, 협동 학습, 체험 등 참여형 교육 방식을 중심으로 운영되며, 진로탐색 수행평가는 진로직업 체험 활동에 대한 교과통합적인 수행평가로 실시된다.

진로탐색 프로그램은 행복진로캠프, 중학생 직업체험 운영, 행복진로콘서트, 진로탐색 행복트리 만들기, 진로 연계 독서교육 운영 등으로 진행된다. 학교별로 신입생 오리엔테이션과 중간고사 및 수련회 기간, 주말과 방학 등을 활용하여 다양한 진로캠프를 개발해 운영할 수 있도록 지원하고 있다. 중학생 직업 체험은 학교 주관으로 학기당 1회 이상 직업을 체험할 수 있는 기회를 학생들에게 제공하도록 운영되고 있는데, 진로 체험 MOU 체결을 통해 구성된 기관과 기업 등의 사회 공동체 협조로 이루어지고 있다.

행복진로콘서트는 분야별 전문 직업인을 초청해 멘토링을 받는 서비스로 희망 학생을 대상으로 운영하고 있다. 진로탐색 행복트리는 학습계획서, 진로검사 결과, 진로설계서 등을 관리하여 학생이 스스로 진로를 선택할 수 있는 기회를 제공하는 프로그램이다. 진로 연계 독서교육은 교과별 권장도서를 읽고 진로와 연계한 교과 수행 활동을 실시함으로써 학생들에게 자아인식 및 진로탐색을 자기 주도적으로 결정할 수 있는 토대를 만드는 프로그램이다.

진로 탐색과 체험의 필요성에 대해서는 누구나 공감하고 있다. 하지만 현실적으로 인프라 구축, 교육 콘텐츠 개발 등이 미흡하다는 우려의 목소리도 들린다. 물론 직업 체험을 할 수 있도록 지원하는 단체나 기업이 적은 것도 사실이고, 교육 콘텐츠도 지속적으로 개발해야 한다. 그렇기 때문에 학교의 적극적인 참여는 물론 진로탐색에 대한 학부모의 인식 개선, 기관 및 기업의 참여도 신장 등이 절실히 필요하다.

이런 모든 과제가 하루아침에 해결될 수 있는 것은 아니다. 따라서 '중1 진로탐색 집중학년제'는 단기적인 효과를 꾀하는 제도가 아니라 장기적인 관점에서 만들어야 할 우리 모두의 숙제라고 할 수 있다. 어쩌면 초기 몇 년간은 그 효과가 미미할 수도 있다. 하지만 학교, 학부모, 지역사회가 힘을 합쳐 아이에게 끼와 꿈을 찾을 수 있는 기회를 제공한다면 이를 기반으로 자신의 삶을 자기 주도적으로 일구어 나갈 수 있는 힘을 얻을 수 있을 것이다. 또한 이것이 행복교육의 시작이 될 것이다.

일반고의 위기를 극복할 방법

　최근 몇 년 사이에 일반 고등학교 위기론이 대두되고 있다. 일반 고등학교의 학력이 매년 떨어지고 있기 때문이다. 고등학교를 성적 평준화로 배정하던 2009년에는 일반 고등학교 입학생의 평균 내신 성적이 상위 46.6퍼센트였는데 매년 조금씩 하락해 2013년에는 51.7퍼센트로 저하되었다. 평균 성적은 물론 학교 간 성적 편차도 2009년 4.7에서 2013년 8.0으로 확대되고 있는 실정이다. 이러한 일반고 학력 저하는 부모들이 자녀들의 일반고 진학을 꺼리는 상황으로 번지고 있다. 한국일보가 전국 고교 교사 987명을 대상으로 '자녀가 중3이라면 어느 학교에 보내겠습니까?'라는 문항에서 46.6퍼센트의 응답자가 과학고 등 특목고, 전국 단위 자사고에 보내겠다고 응답했으며, 일반고에 보내겠다는 응답자는 31.3퍼센트에 머물렀다.

출처 : 《한국일보》, 2013. 4. 3.

이는 현직 고등학교 교사들이 응답한 것으로, 일반고가 처한 위기의 심각성을 여실히 보여 준다. 일선 고등학교 교사마저 일반고에 대한 부정적인 정서를 가지고 있는 것이다. 이러한 교사

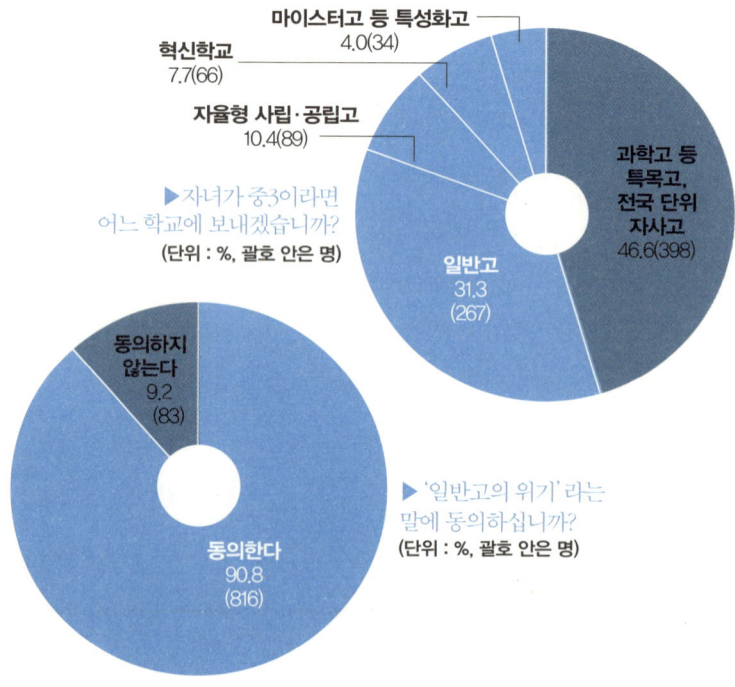

들의 정서는 같은 조사에서 행해졌던 '일반고의 위기라는 말에 동의하십니까?'라는 문항을 통해 여실히 드러난다. 응답 교사 중 90.8퍼센트가 일반고 위기론에 동의했다. 문제는 아직까지 일반고가 교육의 중심을 담당하고 있다는 것이다. 2012년 기준 서울시교육청 관내의 317개 고등학교 중 일반고는 180개로 총 고등학교의 57퍼센트에 해당한다. 즉, 일반고의 역량을 키워야 올바른 고등학교 교육이 가능함을 의미한다.

일반고 문제를 위한 해결책은?

일반고의 위기에 대해 여러 의견이 있지만 그중 교육과정이 문제라는 의견이 많다. 홍원표 연세대학교 교수는 현재 일반고가 중등 교육기관과 같은 교과과정을 가지고 있는 것이 문제라고 지적했다. 일반고의 교육과정이 다양성과 선택보다는 공통적인 면이 강조되면서 학생들의 선택권보다는 학교나 교사가 교과목과 내용을 결정하는 수동적 교육으로 이어진다는 것이다. 실제로 대다수의 일반고가 인문·자연 계열의 교육과정만 편성하고 있다. 예체능 과정의 경우 2퍼센트 안팎의 교과만 편성하고 있다. 이러한 일률적인 교과과정은 학생들의 다양한 요구와 끼에 대해 부합하지 못하는 것이 사실이다.

그렇다면 일반고 위기를 극복할 수 있는 방법은 무엇일까? 홍원표 연세대학교 교수는 일반고 위기의 해결책으로 두 가지를 내놓았다.

첫째, 고교 다양화 정책을 대폭 수정하여 일반고에 대한 각종 차별적 규제를 없애는 것이다. 둘째, 일반고 재학생들도 자신의 꿈과 끼에 적합한 교육과정을 선택할 수 있도록 학교 교육과정 체계를 개선하는 것이다. 즉, 일반고의 교육과정을 좀 더 다양하고 풍부하게 만들어야 한다고 주장한다(〈일반고 위기의 원인과 극복방안〉, 《서울교육》 2013 가을호, pp. 14~21).

양승실 한국교육개발원 연구위원은 "교사-학부모-학생의 교육 공동체 복원으로 긍정적인 평가를 받고 있는 일부 혁신고나 지역 일반고의 실험과 효과성을 분석해 정부가 정책에 반영해야 한다. 또한 일반고도 시대적 변화의 흐름에 맞는 교육 방식이 무엇인지 진지하게 고민하는 노력이 필요하다."고 말했다(《한국일보》, 2013. 4. 3.).

즉, 일반고 문제를 해결하려면 정책 변화도 필요하지만, 일반고 자체의 역량을 강화할 수 있는 방안도 모색해야 한다는 것이다. 일반고가 지금의 교육 방식에 변화를 주어 학생들에게 선택의 기회를 다양하게 제공한다면, 학생들의 꿈과 끼에 맞는 교육이 가능하며 이는 지금의 일반고 기피 현상에서 벗어날 수 있는 토대가 될 것이다.

아이의 꿈과 끼를 키워 주는 거점학교

일반고의 역량 강화 및 일반고 학생의 꿈과 끼를 찾아주는 다양한 교육 실현. 이것이 바로 '일반 고등학교 점프업 프로젝트'의 핵심이다. 그리고 학생의 꿈과 끼를 찾아주는 프로그램은 '진로별 맞춤형 교육과정 편성 및 운영'과 '직업교육 및 문화예술교육에 대한 기회 확대' 등으로 이루어질 수 있다.

'진로별 맞춤형 교육과정 편성 및 운영 지원'은 학생들의 진로 희망을 반영하여 다양한 진로 집중 과정을 편성하고 운영할 수 있도록 지원하는 것이다. 예를 들어 일반고 학생 중에 음악 전공을 희망하는 학생들을 위해 음악 계열 진로집중 교육과정을 개설하여 운영하는 것이다.

그리고 교육 거점학교는 학교 단위로 운영하기 어려운 진로 집중 교육과정을 개설하여 운영학교 및 인근 지역 내 학생들에게 교육 프로그램을 제공하는 것을 목표로 거점학교를 신규 지정하고 지원하는 것이다. 예를 들어 미술 교육과정 여건을 갖추고 있는 학교가 있다면 그 학교를 미술 교육과정 거점학교로 지정하여 인근의 3~5개교의 미술 계열 진로 희망 학생들에게 미술 계열 교과를 배울 수 있도록 하는 것이다. 거점학교 운영 예시는 다음의 그림과 같다.

위의 표와 같이 2013년 184개교의 일반고 학생 대상 예체능

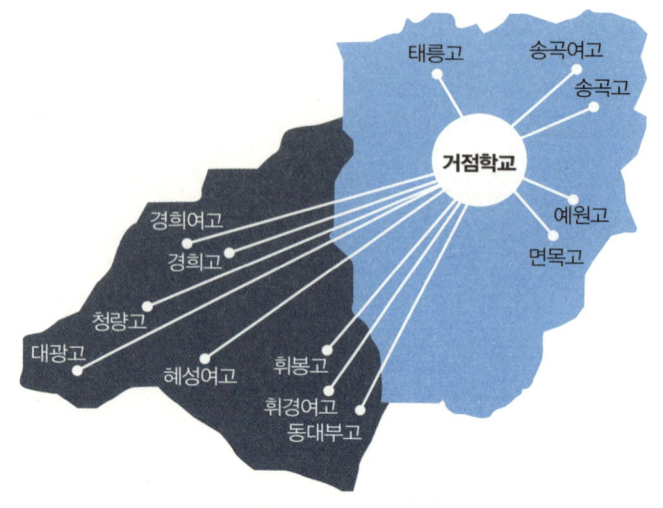

(2013. 05., 일반고 184개교 조사)

학년	음악	미술	체육
1학년	1,480	1,309	1,278
2학년	1,002	1,068	848
3학년	606	531	515

예체능 거점학교 참가 희망 학생 수

거점학교 참가 희망 학생 수는 1학년 4,067명, 2학년 2,918명, 3학년 1,652명으로 나타났다(2013년 5월 기준). 거점학교는 2013년 9월부터 예체능 거점학교와 직업교육 거점학교로 나뉘어 운영되고 있는데, 예체능 거점학교는 음악, 미술, 체육, 과학, 제2외국어 등 5개 영역의 교육과정으로 운영되며, 직업교육 거점학교는 실용음악, 피부미용 등 2개 영역으로 운영되고 있다.

2013년 9월부터 청량고등학교는 미술 과목을 심층적으로 배울 수 있는 미술 거점학교로 활동 중이다. 청량고등학교에서 미술 거점학교를 이용하고 있는 한 학생은 다음과 같이 말했다.

"미술 거점학교를 통해 제 꿈을 다시 꿀 수 있게 되어 너무 행복해요. 미술 거점학교에서 공부하는 시간이 항상 기다려지고 너무 재밌어요. 이곳에서 공부하다 보니 학원 다닐 필요를 전혀 못 느끼겠어요. 이걸로 충분한지는 잘 모르겠지만 현재는 매우 만족하고 있고, 미술공부를 하고 싶은데 못 하고 있는 친구들에게 꼭 추천하고 싶습니다." (출처 : 서울시교육청 블로그 〈행복사다리〉 '와글와글행복교육' 중)

부족하나마 운영되고 있는 거점학교를 통해 일반 고등학교에 다니는 학생도 자신의 끼를 찾고 꿈을 이루기 위한 기회를 제공받게 된 것이다. 이러한 거점학교는 장기적으로 확대 운영이 필요하다. 그에 따라 더 많은 학생들이 꿈과 끼를 펼칠 수 있을 것이기 때문이다.

거점학교가 학생의 끼와 꿈을 찾아주는 프로젝트라면 학생에게 직접적인 진로와 직업교육에 대한 기회를 확대하는 프로젝트도 필요하다. '직업교육 및 문화예술교육 기회 확대'는 취업을 희망하는 학생에 대해 특성화고 입학 기회를 제공함으로써 학생들에게 직업 및 진로 교육의 기회를 주는 것이다. 이를 통해 졸업 후 진학이 아닌 취업을 원하는 학생들에게 졸업 후 바로 사회생활을 할 수 있는 능력을 키워 줄 수 있다.

학생은 누구나 교육받을 권리가 있다

거점학교와 직업교육이 학생의 끼와 꿈을 찾아주기 위해 필요한 것이라면 학습 능력이 떨어지거나 학교생활에 적응하지 못하는 학생을 위한 정책도 필요하다. 대한민국의 청소년이라면 누구나 교육을 받을 수 있는 권리가 있다. 모든 학생에게 공평하게 교육의 기회를 제공하려면 크게 학습부진학생에 대한 맞춤형 지원 확대와 학교생활 부적응 학생에 대한 지원이 필요하다.

학습부진학생에 대한 맞춤형 학습 지원 확대는 학습부진학생에 대한 맞춤형 학습을 지원함으로써 학생이 잃었던 학습에 대한 흥미를 찾아주거나 뒤떨어지는 학습 능력을 키워 줌으로써 교과과정에서 도태되는 것을 방지하는 것을 목적으로 한다.

학습 부진에 대한 원인은 학생이 학습에 흥미를 잃는 경우와 학교 교과과정을 따라가지 못하는 경우로 나눌 수 있다. 학습에 흥미를 잃은 학생에게는 잃어버린 공부에 대한 흥미를 되찾아 주는 것이 필요하다. 이는 학생 스스로 자신이 원하는 분야의 동아리 활동을 통해 학습에 대한 재미를 느끼게 해 주는 방법이 있을 수 있다. 학생이 재미를 느끼게 되면 자연스럽게 자기주도학습 역량을 키울 수 있기 때문이다. 이때 학교나 상위 교육청에서는 학생의 동아리 활동에 대한 운영을 지원해 줄 필요가 있다.

학교 교과과정을 따라가지 못하는 학생에 대해서는 각 학생의 능력에 맞는 학습 지원을 해 줄 필요가 있다. 학생은 능력이나 적성에 따라 배움의 속도가 다를 수 있기 때문이다. 즉, 배움의 속도가 느린 학생에 대해서는 그 속도에 맞는 가르침이 필요한 것이다. 이를 위해 각 학교별로 학습부진학생 지원 전담팀을 운영하고, 학습 부진의 요인을 진단하고 학습 및 진로 지도를 지원해야 한다. 이 프로그램을 통해 학습에 흥미를 느끼지 못하는 학생들에게 맞춤형 지도를 할 수 있어, 학습의 기회를 잃는 학생을 줄일 수 있다.

부적응 학생에 대해서는 이러한 학생이 학교생활에 적응할 수 있도록 학교와 교육청 차원에서 지원해야 한다. 학교생활 부적응의 요인으로는 심리적 요인, 대인관계의 문제 등이 있을 수 있다. 이러한 문제를 해결하려면 전문 상담사 배치를 확대하고, 위 클래스(Wee Class)를 확대 운영하여 학교생활 부적응 학생이 학교생활에 적응할 수 있도록 실질적인 도움을 주어야 한다. 또한 위탁형 대안학교 운영을 통해 일반학교 생활이 어려운 학생들에게도 교육은 물론 진로 및 체험 교육의 기회를 제공해야 한다.

이상의 일반고 역량 강화를 위한 점프업 프로젝트는 다음 세 가지를 목표로 한다. 첫째, 일반고 학생들의 끼와 꿈을 살릴 수 있는 기회를 제공한다. 둘째, 맞춤형 교육을 통해 학습 능력이 떨어지는 학생들이 학습의 즐거움을 깨달을 수 있게 한다. 셋째, 부적응 학생에게도 교육의 기회를 제공한다. 이는 모든 학생에게 자신의 끼와 꿈을 펼칠 수 있는 기회를 고르게 제공함으로써 자기 주도적으로 행복한 삶을 설계할 수 있도록 해야 한다는 것을 의미한다. 행복교육의 목표는 학생은 모두 행복한 삶을 살 권리가 있으며, 그 권리를 찾아주는 첫 번째가 바로 그들의 꿈과 끼를 찾아 그 끼를 발전시킬 수 있는 기회를 제공하는 것이기 때문이다.

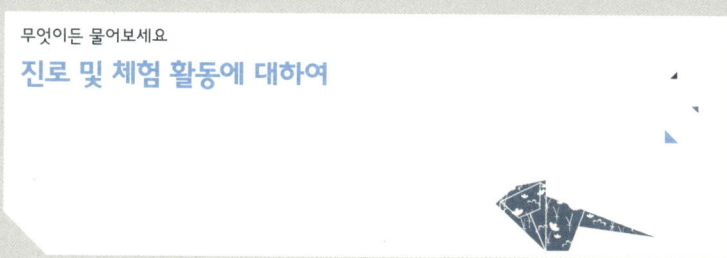

무엇이든 물어보세요
진로 및 체험 활동에 대하여

Q1. [중1 진로탐색 집중학년제]

많은 학부모들이 '자유학기제'에 관심을 갖고 있습니다. 당장 2013년 2학기부터 자유학기제 연구학교가 시범 운영되었습니다. 또한 서울시교육청이 추진하고 있는 '중1 진로탐색 집중학년제'가 있습니다. 이 제도들이 어떻게 진행되고 있는지 궁금합니다.

'자유학기제'는 정부 차원에서 진행하고 있는 제도이고, '중1 진로탐색 집중학년제'는 서울시교육청에서 운영하는 제도입니다. 자유학기제와 중1 진로탐색 집중학년제는 본질적으로 지향점이 같습니다. 그 지향점은 학생들의 소질과 적성을 발견하고 학습에 대한 동기를 부여하여 자기주도학습력을 향상시키고 학교생활을 통해 행복감을 맛보게 하자는 것입니다.

차이점이라고 하면 운영의 범위와 방식입니다. 자유학기제는 중학교 기간 중 어느 학년이든 한 학기만 운영되며, 해당 학기에는 지필평가가 폐지되는 방식으로 운영됩니다. 반면 중1 진로탐색 집중학년제는 중학교 1학년을 대상으로 하고 지필평가는 기말고사만 실시하며, 수행평가와 기말고사의 점수를 합산하여 성적을 산출합니다. 즉, 자유학기제의 대상은 중학생으로 포괄적인 반면 중1 진로탐색 집중학년제는 중학교 1학년이라는 명확한 대상이 있습니다. 또한 운영 기간에서도 1학기와 1년으로 차이가 납니다. 이렇듯 기간, 대상, 점수 산출 방식에서 차이가 있습니다.

중1 진로탐색 집중학년제는 11개 연구학교에서 2013년 3월부터 운영 중이고, 자유학기제는 5개 연구학교에서 2013년 2학기부터 시범 운영하고 있습니다. 현재 시교육청, 지역교육청, 직속기관을 아우르는 추진단을 구성하여 학교 현장에 안정적으로 정착되도록 체제를 구축하여 지원하고 있습니다.

자유학기제와 중1 진로탐색 집중학년제 등 지향점이 비슷한 정책이 중복적으로 운영되는 것에 대해 혼란을 느낄 수도 있습니다. 이러한 혼란을 피하고 진로탐색 집중학년제와 자유학기제를 연계 운영하기 위해 서울대학교에서 정책 연구를 진행 중에 있습니다. 또한 2013년 9월 9일부터 12일까지 교육 주체들이 제도에 대해 올바르게 이해하고, 현장의 의견을 수렴하기 위하여 토론회를 권역별로 4차례 개최한 바 있습니다. 중1 진로탐색 집중학년제의 궁극적인 목적은 중학교 교육체제를 개선하고, 학생들이 중학교 과정을 건너면서 행복한 삶을 살아 나갈 수 있는 힘을 저마다 내면에 지니게 하는 것입니다.

Q2. [진로 체험 방안]
서울시교육청에서는 청소년의 진로 체험에 대해 중요하게 생각하고, 이에 대한 정책을 펼치고 있는 것으로 알고 있습니다. 진로 체험이 어떻게 운영되고 있는지 자세히 알려 주시면 좋겠습니다.

청소년기의 진로 체험이 중요하다는 것은 이미 학생, 학부모, 시민 모두 인식하고 있습니다. 청소년기의 진로 체험은 미래사회에 대비한 직업 가치관 확립과 자존감을 키워 자기 주도적 진로 개발 역량을 강화한다는 장점이 있습니다.

하지만 단위 학교의 진로탐색 프로그램만으로는 학생들에게 진로 체험의 기회를 제공하는 데 한계가 있습니다. 그래서 단위 학교 차원의 교육의 한계를 넘기 위해 30개 기관과 진로 체험 MOU를 체결하고 학생들에게 현실적인 진로 체험을 할 수 있는 기회를 제공하기 위해 최선을 다하고 있습니다.

특히 진로 체험 프로젝트인 '청소년 진로직업체험의 기적(청진기)'은 2013년 상반기에만 2,600회 이상을 실시하는 등 어느 정도의 성과를 거두었다고 생각합니다. '청진기'는 청소년들이 병원, 어린이집, 관공서 같은 지역 일터에서 간단한 직무를 수행하고 직업인과 인터뷰 등을 하는 체험 프로그램입니다. 2~5명의 학생이 관심 분야의 직장에서 1일 6시간 이상 체험을 하고, 체험의 대한 수행평가를 실시합니다.

또한 진로 직업 체험을 위한 다양한 지원 사업을 계획하고 운영하여 청소년의 직업 체험에 실질적인 도움을 주기 위해 최선을 다하고 있습니다. 추후 기관·단체와의 MOU 체결 확대, 행복 진로캠프 지원 등 청소년에게 실질적으로 도움이 될 수 있는 진로 직업 체험의 기회를 제공하기 위해 최선을 다할 것입니다.

Q3. [학습 편차 해결 방안]
우리나라 교육의 문제점 중 하나가 교육의 편차가 심하다는 것입니다. 특히 학습 능력이 떨어지는 아이는 중학교 진학과 동시에 공부를 포기하는 성향이 있습니다. 이러한 학습부진학생이 학업에 관심을 갖게 하는 방안이 있을까요?

그동안의 교육은 중상위권 학생들에게 교과과정을 맞춰 왔습니다. 수업을 충분히 이해하지 못한 하위권 학생들은 학습에 대한 흥미를 잃게 되고 이것이 반복되면서 상위권과 하위권의 교육적 편차가 커졌습니다.

하지만 교육은 모든 아이에게 주어진 권리입니다. 배움이 느린 학생이라고 해서 예외는 아닙니다. 교육계는 이러한 권리에 부응해야 하는 의무와 책임이 있습니다. 배움이 느린 학생들에게도 최선을 다해야 합니다.

학습 능력이 떨어지는 학생들에게 학습의 기회를 제공하려면 그들의 눈높이에 맞는 맞춤식 교육이 필요합니다. 학습부진 요인별 특별 프로그램을 개발해야 하고, 실질적으로 학습에 도움이 되는 정책을 운영해야 합니다.

서울학습도움센터는 이러한 맞춤식 학습을 수행하는 기관입니다. 찾아가는 맞춤식 상담 지원으로 2013년에 약 560명의 학습부진학생에게 맞춤식 학습 도움을 주었습니다. 또한 창의경영학교 23곳 및 일반학교 150곳 등 학력 향상형 학교에 대한 운영 지원을 진행했습니다.

그리고 진로·공부캠프, 신경생리학적 학습클리닉, 학습도움캠프 등 다양한 프로그램을 개발하여 학습부진학생에게 도움을 주고 있습니다. 이러한 작은 실천이 학습 편차를 줄이는 기반이 될 것이라고 생각합니다.

Q4. [일반고 점프업 프로그램]
최근 일반 고등학교의 학력 저하 문제가 심각합니다. 이런 문제로 중학교 학부모들이 자사고나 특목고를 선호하고, 아이들은 중학교 때부터 고3 입시생에 버금가는 학업 스트레스를 받고 있습니다. 여기에 대한 대책은 무엇입니까?

2012년 기준 서울시교육청 관내의 317개 고등학교 중 일반고는 180개로 총 고등학교의 57퍼센트에 해당합니다. 즉, 일반고의 위기와 붕괴는 곧 고등교육의 붕괴로 이어질 수 있습니다. 그렇기 때문에 일반고의 역량을 키워야 올바른 고등교육이 가능합니다.

일반고의 문제는 크게 세 가지 정도로 압축됩니다. 첫째, 교육과정 편성·운영의 자율성이 특목고, 자사고, 자율고 등에 비해 제한적이라는 것입니다. 둘째, 직업교육 및 문화예술교육 희망 학생을 위한 교육 기회가 부족하다는 것입니다. 마지막으로 학교생활 부적응 학생에 대한 체계적인 지원 방안이 부족한 점을 들 수 있습니다.

이러한 문제점을 해결하기 위해 여러 가지 방안을 시행 중인데, 그중 하나가 바로 '일반고 점프업 프로젝트'입니다. 일반고 점프업 프로젝트는 다음 세 가지를 목표로 하고 있습니다. 첫째, 일반고 학생들에게 끼와 꿈을 살릴 수 있는 기회를 제공하는 것, 둘째 학습 능력이 떨어지는 학생들에게 맞춤형 교육을 통해 학습의 즐거움을 깨닫게 하는 것, 셋째 학교생활 부적응 학생에게도 교육의 기회를 제공하는 것이 그것입니다.

구체적인 정책을 살펴보자면 먼저 일반고 학생들에게 꿈과 끼를 살릴 수 있는 기회를 제공하기 위해 '진로별 맞춤형 교육과정 편성·운영·지원'을 실시하고 있습니다. 학생들의 희망 진로를 반영하여 다양한 진로집중 과정을 편성하고 운영할 수 있도록 지원하는 것입니다. 또한 교육 거점학교를 구성하여 학교 단위로 운영하기 어려운 진로집중 교육과정을 개설했습니다. 이를 통해 운영교 및 인근 지역 내 학생들에게 교육 프로그램을 제공하고 있습니다. 2013년 교육과정 거점학교로는 27개교가 선정되었으며, 직업교육 거점학교로는 4개교가 선정되었습니다.

'수준별 맞춤형 학습 지원 확대' 프로그램은 학습부진학생을 대상으로 단위 학교별 학습부진학생 지원 전담팀을 운영하고, 학습 부진의 요인을 진단하고 학습 및 진로 지도를 지원하는 '기초 튼튼 행복학교'를 선정하여 운영하고 있습니다.

'학교생활 부적응 학생 지원 강화' 프로그램은 학교생활 부적응 학생을 위한 프로그램으로 전문 상담사 배치를 확대하고, 위(Wee) 클래스를 확대 운영하여 학교생활 부적응 학생의 학교생활 적응에 힘쓸 생각입니다.

이러한 다양한 점프업 프로그램은 일반고 학생들의 학습 분위기를 고취시킬 것이며, 이는 일반고 역량 강화로 이어질 것입니다.

Q5. [특목고 문제]

한국의 특목고가 과연 아이들에게 좋을까요? 일반고는 특목고에 비해 교육 혜택이 확실히 적다고 생각합니다. 특목고와 일반고의 교육 평준화가 이런 문제를 해결할 수 있을까요?

특수목적고등학교는 말 그대로 특수한 목적에 부합하는 고등학교입니다. 즉, 학생들의 끼를 살릴 수 있는 특수한 교육과정이 필요하고, 그 필요성에 부합하여 만들어진 고등학교입니다.

이미 전 세계에 학생들의 적성과 끼를 살릴 수 있는 특수목적 교육과정이 존재하며, 국가 차원에서 적극 지원하고 있습니다. 즉, 특수목적고등학교는 다양한 끼를 가지고 있는 학생들에게 자신이 원하는 기회를 제공한다는 점에서 필요하다고 생각합니다. 서울만 해도 학생 수가 120만 명에 이릅니다. 120만 명의 학생은 저마다의 적성과 자질이 있습니다. 그리고 부모는 그에 대한 기대가 있습니다.

이렇게 다양한 자질과 교육에 대한 욕구가 있는데 하나의 교육과정으로 그 욕구를 채울 수는 없습니다. 그런 면에서 특목고나 자사고는 필요하다고 할 수 있습니다.

교육에서 가장 중요한 것은 학생들의 적성과 자질을 발견하고, 그 끼를 키울 수 있는 적절한 교육의 기회를 제공하는 것입니다. 하지만 특목고를 단지 성적으로 진학하는 것에는 반대합니다.

　자신의 적성에 맞지 않는데도 성적을 위해 특목고에 입학한 학생이 과연 행복할까?라는 질문을 받으면 나는 불행하다고 대답할 것입니다. 특목고는 그 학교대로의 역할이 있고, 일반고는 그 학교대로의 역할이 있습니다. 중요한 것은 특목고를 일반고와 같은 교과과정으로 만든다면 애초 특목고를 설립한 이유와 명분이 사라지게 된다는 점입니다. 또한 일반고에서도 학생들의 적성에 맞는 교과과정을 만들어야 합니다.

　이 같은 이유로 일반고 점프업 프로젝트가 필요한 것입니다. 일반고에 다니는 학생들도 자신의 끼와 적성에 맞는 교육을 배울 기회가 있어야 합니다. 즉, 고등학교 교육은 특목고든 일반고든 상관없이 학생 모두가 자신의 끼와 자질을 살릴 수 있어야 합니다.

Q6. [국제중 문제]
2013년 가장 뜨거웠던 교육계 이슈는 국제중학교 문제였습니다. 문용린 교육감께서는 비리가 불거진 영훈국제중 지정 취소를 할 수 없다고 했습니다. 그 이유와 국제중 문제에 대한 해결 방안을 말씀해 주세요.

비리를 저지른 사람의 처벌과 지정 취소는 별개의 문제입니다. 해당 학교법인에 대해서는 입학비리 등의 책임을 물어 임원 전원을 취소하고 임시이사를 파견하도록 하는 등 현행법상 교육청이 할 수 있는 최대한의 조치를 취했습니다. 또한 국제중 입학비리를 방지하고 공정을 기하기 위해 2014년도부터 지원자 전원을 추첨 방식으로 선발하도록 전형제도를 개선했습니다. 현재의 법령은 운영 성과 등을 평가하여 지정 취소를 결정하도록 되어 있어 지정 기간 내 지정을 취소할 법적 근거가 없습니다. 이러한 문제점 때문에 교육부에서는 법령 근거를 마련하고자 초중등교육법 시행령을 개정 중에 있으며, 관계 법령이 개정된다면 개정법령이 규정하는 바에 따라 재검토할 것입니다.

Q7. [학과교육]
진로 체험 중심의 교육을 진행한다고 해도 기본적인 교육의 근간이 바뀌는 것은 아니라고 생각합니다. 학부모들은 여전히 진로 체험보다는 기존의 국어·영어·수학 등에 대한 교육에 더 많은 관심을 가질 것입니다. 이와 관련하여 기존의 교과과정이 바뀌는 것이 있나요?

행복교육의 근간은 학생이 자신의 적성을 찾고 끼를 발산할 수 있는 기회를 제공하는 것입니다. 이러한 기회 제공을 통해 학생들은 자신의 꿈을 발견하고 이를 이루기 위해 자기 주도적인 학습을 하게 됩니다. 즉, 행복교육은 진로 체험을 통해 학생들이 그동안의 수동적인 교육에서 벗어나 자기 주도적인 학습을 할 수 있도록 하는 교육입니다.

따라서 진로체험학습으로 인해 기존 교과과정이 달라질 이유는 없습니다. 오히려 학생들이 자기 주도적으로 학습에 임하기 때문에 기존 교과과정의 학습이 보다 내실화될 것으로 예상됩니다. 단적인 예로 학교와 가정을 연계한 온라인 자기주도학습 프로그램을 2만 1,169명이 활용하고 있습니다.

또한 진로 체험과 연계하여 기존의 교과과정을 보다 강화하고 있습니다. 예를 들어 외국어교육의 경우 문법 중심의 교육에서 의사소통이 가능하도록 하는 체험 중심의 교육으로 내실화를 꾀하고 있습니다. 그 방안으로 실용영어 능력을 기를 수 있도록 수업 방식에 변화를 주고 있습니다. 교사가 주도하는 설명 중심의 강의식 수업에서 학생이 참여하는 대화식 수업으로 변화를 주어 영어를 다양하게 사용할 수 있는 체험 기회를 제공하고 있습니다.

이를 위해 원어민 영어 보조교사 682명이 초등학교에 집중 배치되었으며, 영어회화 전문강사 1,253명이 중고등학교에서 수준별 교육 및 분반 수업에 참여하고 있습니다. 또한 기존 영어교사의 전문성 신장을 위해 다양한 연수 기회를 제공하고 있습니다.

또한 학교 간 국제수업 교류 프로젝트 참가학교를 초중등학교 17개교에서 초중고등학교 30개교로 확대했습니다. 한일 중고생 교류, 한중일 어린이동화 교류대회 등을 통해 학생들의 국제교류 및 국제이해교육을 강화하고 있습니다.

이런 제도적 장치는 학생들로 하여금 듣기만 하던 수동적 교육에서 직접 말하고 체험하는 능동적 교육에 동참하게끔 하는 역할을 합니다. 이러한 체험 위주의 교과과정을 통해 아이들은 자기 주도적인 학습태도를 갖게 될 것입니다.

꿈이 한 번도 실현되지 않았다고 해서
가엾게 생각해서는 안 된다.
정말 가엾은 것은 한 번도
꿈을 꿔 보지 않았던 사람들이다.

ㄴ볼프람 폰 에센바흐(Wolfram von Eschenbach)

지구촌이라 일컬어지는 세계화 시대에서 인성은 개인이 갖춰야 할 절대적 역량으로 평가받고 있다. 인성은 개인의 삶은 물론 국가와 사회가 필요로 하는 덕목이다.
올바른 인성은 아동기와 청소년기에 형성되며, 이 시기에 배운 인성이 평생을 좌우한다. 아이에게 올바른 삶을 선물하고 싶다면 인성교육부터 실행에 옮겨야 한다.

미래형 인재를
육성하기 위한 인성교육

　서울 노량진초등학교의 월요일은 다른 학교와는 다른 활기를 띤다. 조회 시간, 일주일의 시작을 서당수업으로 여는 것이다. 서당수업의 핵심은 '사자소학(四字小學)'. 초등학생에게는 다소 낯선 것이 사실이다. 문덕심 교장이 모니터를 통해 '사자소학'을 가르치고 아이들이 이를 따라한다. 아이들에게 다소 딱딱할 수도 있는 '사자소학'을 가르치기 위해 문 교장은 재미있는 이야기와 수업 자료를 곁들인다. 문 교장의 노력 덕분인지 아이들은 흥미를 가지고 '사자소학'의 재미에 푹 빠졌다. 노량진초등학교의 서당수업에서는 사자소학뿐 아니라 인성의 기본이 되는 효(孝)와 예(禮)는 물론 국경일에 대한 의미도 알려 준다. 문덕심 교장은 서당수업을 펼치는 이유에 대해 이렇게 말한다.

"학문은 바른 인성의 바탕 위에 쌓여야 합니다."

행복교육은 교육의 기본을 회복하는 것으로 시작한다. 교육의 기본은 바로 인성의 확립이다. 시대가 변하면 그에 따라 학교 수업도 변할 수 있다. 하지만 변하지 않는, 아니 변해서는 안 되는 것이 있으니 그것이 바로 인성교육이다.

최근 문제시되고 있는 학교 폭력이나 아이들의 잘못된 언어 습관, 심지어 사이버에서의 언어 폭력까지 그 문제의 시작점으로 '인성교육'이 제대로 이루어지지 않은 것을 꼽을 수 있다. 인성교육은 개인의 삶은 물론 국가와 사회에 꼭 필요한 덕목이다. 특히 현대 사회는 국경을 넘어 세계화를 향한 교육이 필요하다. 따라서 최근 인성은 절대적 역량으로 자리 잡고 있으며, 이로 인해 인성교육에 대한 중요성이 대두되고 있다.

한국에서 인성교육이 어려운 이유

나는 그동안 인성이 사회는 물론 개인의 삶을 위해 가장 중요한 덕목임을 강조해 왔다. 인성교육의 중요성을 강조했으며, 인성교육이 교육의 기본이라고 주장해 왔다. 그 인성교육의 바탕으로 제시한 것이 바로 '정약용 책배소'이다. '정약용 책배소'란 정직, 약속, 용서, 책임, 배려, 소유의 앞글자로 이루어진 말로 인성의 기본이 되는 항목을 일컫는 것이다. 내가 최근 강조하는 교육의 모토가 '교육의 기본을 회복하는 것'인데, 그 중심에 있는 것이 '정약용책배소'를 중심으로 아이들에게 올바른 인성교육을 실행하는 것이다.

인성교육의 중요성은 늘 강조되어 왔다. 그동안 교육 정책이 바뀌거나 학교 폭력 등의 문제가 발생할 때마다 항상 인성교육의 중요성이 회자되었다. 하지만 늘 주의주장만 있었을 뿐 인성교육이 제대로 실시되지 않았던 것이 사실이다. 인성교육이 제대로 이루어지지 않은 이유에 대해 세종사이버대학교 곽윤정 교수는 세 가지 이유를 들고 있다. 첫째, 인성교육에 대해 장기적인 계획이 아닌 단기적인 정책으로 일관했다. 둘째, 입시 위주의 교육적 풍토로 인성교육의 중요성이 평가절하되었다. 즉, 성적만 좋으면 모든 것이 용서되는 성적 지향적인 사회적 풍토가 문제가 된 것이다. 셋째, 학교, 사회, 가정의 상호 협력적인 인성교육이 이루어지지 않았다. 인성은 하나의 집단이나 하나의 교과로 가르칠 수 있는 것이 아니다. 하지만 지금의 인성교육은 사회나 가정이 제외된 학교의 인성교육에만 치중하고 있다.

올바른 인성교육이 이루어지려면 우선 인성교육에 대한 체계적인 교과과정을 운영해야 한다. 그나마 다행인 것은 2014년부터 전국 초중고에서 인성교육을 의무적으로 실시한다는 점이다. 하지만 교육과정을 만들었다고 해서 인성교육이 완성되는 것은 아니다. 인성교육은 한두 번의 교육으로 완성되지 않기 때문이다. 즉, '눈 가리고 아웅' 식의 단기적인 처방이 아니라 장기적인 계획이 수립되어야 한다. 또한 인성교육의 현장이 학교에만 국한되지 않고 학교, 사회, 가정이 모두 동참하는 통합의 장으로 거듭나야 한다.

바른 인성교육을 위한 네 가지 기본 방침

체계적인 교과과정, 장기적인 계획, 범사회적인 체제 구축이 인성교육을 성공적으로 이끌 수 있는 세 가지 요소라면 이것이 제대로 구현되기 위한 전제조건이 한 가지 있다. 인성교육은 체험 중심으로 이루어져야 한다는 것이다. 인성은 지식이 아니라 습관이다. 그렇기 때문에 인성은 도덕적 습관을 들일 수 있는 체험 중심으로 진행되어야 한다. 세 살 버릇 여든 간다는 말이 있듯이 어린 시절 들인 도덕적 습관이 인성의 기틀이 된다.

아동기와 청소년기가 인성교육의 적기인 이유는 두뇌 발달과도 밀접한 관련이 있다. 인성과 도덕성은 전두엽과 전전두엽이 담당하는데, 이곳은 아동기와 청소년기에 발달한다. 이 시기에 형성된 인성은 청소년기는 물론 성인이 된 후의 삶에도 중요한 역할을 한다. 그렇기 때문에 아동기와 청소년기에 인성교육이 이루어져야 한다.

또한 인성교육은 습관을 들일 수 있는 지속적인 인성교육 프로그램을 중심으로 진행되어야 하며, 모든 것이 실천 중심이어야 한다. 백번 듣는 것보다 한 번의 실천이 습관을 들이는 데 더욱 효과적이기 때문이다. 이 같은 사실을 바탕으로 바른 인성교육을 위한 네 가지 기본 방침을 세울 수 있다.

인성교육은 첫째 유치원과 초등학교 등 어린 나이 때부터 시작되어야 한다는 것, 둘째 장기적인 프로젝트로 운영되어야 한다는 것, 셋째 실천 중심의 프로그램으로 운영되어야 한다는 것, 넷째 학교, 사회, 가정이 하나가 되어야 한다는 것이다. 이

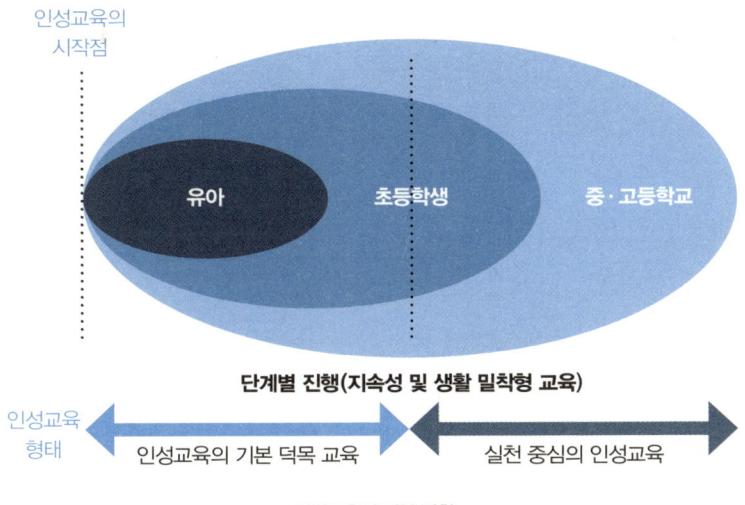

인성교육의 기본 방향

네 가지 기본 방침을 기준으로 인성교육의 기본 방향을 설정할 수 있다. 인성교육의 기본 방향을 그림으로 나타내면 앞의 그림과 같다.

인성교육의 기본 방향은 유아기부터 시작되고, 학생의 성장 단계에 맞춰 지속적으로 이루어져야 하며, 생활 밀착형 교육이어야 한다. 인성교육의 형태는 연령에 따라 나눠지는데, 유아기부터 초등학교 저학년까지는 인성교육의 기본 덕목에 대한 인지도를 높이는 교육이어야 하고, 초등학교 고학년부터 중·고등학교는 실천 중심의 교육이어야 한다.

이를 기반으로 유아와 초등학교 저학년 대상으로는 '정약용 책배소'를 통한 인성교육의 기본 덕목에 대한 교육을 실시하고, 초등학교 고학년부터 중·고등학생에게는 수행과제를 기반으로 한 실천 중심의 교육이 필요하다.

'정약용책배소' 교육은 유치원과 초등학교에 '정약용책배소' 걸개그림을 걸고, 이에 대한 교육을 통해 아이들의 도덕에 대한 인식을 심어 줄 수 있다. 걸개그림으로 아이들에게 흥미를 끌기 때문에 교사는 보다 쉽게 아이들에게 인성교육을 시킬 수 있게 된다.

초·중·고등학교에서의 실천 중심 학년 수행과제는 각 학년별 수행과제를 제시하고, 학생들이 실천을 통한 인성을 강화시키는 교육으로, 인성교육이 이론과 실천이 동시에 이루어진다는 장점이 있다. 현재 초등학교는 100퍼센트, 중학교는 80.63퍼센트, 특수학교를 제외한 일반 고등학교는 54.95퍼센트가 참여하고 있다(2013년 4월 기준).

생활 밀착형 교육으로는 '행복출석부'를 들 수 있다. '행복출석부'는 교사가 출석을 부를 때 학생의 감정을 파악하는 제도로 2013년부터 서울 지역 초중고교에 도입되었다. 학생의 감정을 파악함으로써 학생과 교사의 관계를 개선해 줄 뿐만 아니라 학생은 자신과 타인의 감정을 파악하는 능력을 키움으로써 인성의 기본인 인간관계에 대해 습득할 수 있다.

이러한 인성교육도 학교 외 가정, 사회의 참여가 필요하다. 특히 사회의 참여는 학교에서 할 수 없는 인성교육 프로그램을 제공할 수 있다는 점에서 반드시 필요하다. 인성교육을 외부의 전문기관과 연계하면 보다 다양한 콘텐츠와 해당 기관의 노하우를 통해 인성교육의 내실화를 꾀할 수 있다는 장점이 있다. 일례로 인성교육 전문기관에서 운영하고 있는 감사편지 쓰기, 감사나눔 신문 발행, 기초질서 지키기 교육 등의 프로그램을 학생의 인성교육에 활용하는 것이다.

앞으로 다가올 미래사회는 학습 능력보다는 사람답게 살아가는 인격과 성품이 중요할 것이다. 인격과 성품은 성공적인 삶과 행복을 결정짓는 밑거름이 될 것이고, 미래형 리더의 필수 요건이 될 것이다.

　모든 인간관계는 하나의 방향으로 끝나지 않는다. 내가 타인에게 했던 행동은 부메랑처럼 돌아오게 마련이다. 내가 올곧이 행동했다면 상대방도 나를 올곧이 대할 것이고, 타인에게 해를 끼쳤다면 반드시 해가 되어 내게 되돌아올 것이다. 아이들에게 인성을 가르쳐야 하는 이유도 여기에 있다. 아이들이 성장하여 사회 구성원이 되었을 때 건강한 인간관계를 형성하고 성공적인 삶을 살게 하려면 어려서부터 습관화된 인성이 중요하다. 즉, 인성교육은 아이들을 행복하게 만드는 첫걸음이다.

인성교육을 이루는 여섯 가지 덕목

'정약용책배소'는 '정직, 약속, 용서, 책임, 배려, 소유'의 글자를 조합해서 만든 단어로 인간의 도덕지수를 판단할 수 있는 기준이라 할 수 있다.

해당 덕목의 의미가 구체적으로 무엇인지, 또한 아이들에게 왜 필요한지에 대해 간단하게 살펴보자.

정직 : 거짓을 말하지 않고 항상 정직함

정직은 인성의 가장 중요한 덕목이다. 정직이란 본 대로 느낀 대로 판단해 진실을 말하는 것이다. 또한 자신이 옳다는 신념을 가지고 그에 따라 행동하는 것이다.

　반면 거짓은 사실과 다르게 진실을 왜곡하는 것이다. 진실을 외면하고 거짓을 일삼게 되면, 그 삶은 거짓된 삶이 된다. 거짓된 삶에서 건강한 인간관계가 형성될 수 없으며, 또한 거짓된 삶이 건강하고 성공된 삶이 될 수 없다. 아이의 미래를 위해 가장 소중한 덕목이 바로 정직인 이유이며, 아이에게 정직한 태도를 지닐 수 있도록 가르쳐야 한다.

약속 : 남과 한 약속은 항상 지킴

　　　　　　　　　　　　약속은 타인과의 계약이며, 자기 자신의 인격을 걸고 맺는 의지의 표현이다. 세계적으로 한국 사람은 약속을 지키지 않는 것으로 유명하다. 약속을 잡아놓고 더 중요한 약속이 잡혔다는 것만으로 이전의 약속을 깨는 상황이 우리 주변에서 너무나 비일비재하게 일어난다. 약속은 신뢰의 바탕이다. 한 번 약속을 어기면 신뢰도는 급격히 떨어진다. 신뢰가 없는 사람은 결코 사회에서 성공할 수 없다. 어려서부터 약속을 지키는 습관을 들여야 어른이 되어 사회에 나갔을 때 신뢰도가 높은 사람이 될 수 있다.

용서 : 남을 용서하는 마음

베트남의 승려 틱낫한(Thich Nhat Hanh)은 '화를 내지 않고, 감정을 조절하는 것이 행복하게 사는 방법'이라고 말했다.

사람은 누구나 손해 보는 것을 싫어한다. 그리고 자신에게 손해를 입힌 사람이 있다면 그 사람을 저주하며 반드시 받은 것만큼 돌려줄 것을 다짐한다.

하지만 그렇게 남을 저주하고 욕하고 미워하면서 내가 얻을 수 있는 것은 무엇일까? 상대방을 욕하고 미워하면서 얻게 되는 것은 자기 자신에게 쌓이는 화와 스트레스밖에 없다. 상대방을 욕하고 미워하면 화를 내게 되고 스트레스를 받는다. 그 순간 생활에서 즐거움은 사라진다. 당신이 그 사람을 떠올리는 순간 그 사람은 당신 삶의 즐거움을 방해하는 요소가 된다.

내가 용서를 강조하는 것은 원수를 사랑하라는 식의 자기수련이나 남을 위해 희생해야 한다는 타인 지향적 관점이 아니다. 다른 사람이 아니라 나 자신을 위해 용서를 실행하라는 것이다. 용서란 상대방을 위한 것이 아니다. 나를 위해 해야 하는 것이다. 과거에 집착하면 미래의 행복은 없다. 자신의 행복을 위해 용서해야 한다.

책임 : 자신이 맡은 것에 항상 최선을 다하고 책임을 짐

사람은 누구에게나 자신이 처한 입장이라는 것과 그에 따른 책임이라는 것이 존재한다. 부모는 부모로서 아이를 양육해야 하는 책임이 있고, 대통령은 국가와 국민을 위해 최선을 다해야 하는 책임이 있다. 이러한 책임은 한 사회를 유지하고 발전시키는 원동력이다. 만약 사회 구성원이 맡은바 책임을 다하지 않는다면 그 사회의 미래는 밝지 않다.

또한 책임이 중요한 이유는 내 인생을 지탱할 방법이기도 하기 때문이다. 자신의 일에 책임지지 않는 사람은 자기 자신에 대한 책임도 지지 않는다. 자신이 위기에 처한 것도 남 탓이 되고, 자신의 인생이 실패한 것도 남 탓이 된다. 이렇게 자신의 인생에 대해 책임지지 않게 되면 그 사람은 패배자의 삶을 살 수밖에 없다.

아이가 사회 구성원으로 성장하고 성공한 삶을 살려면 아이에게 책임감을 심어 주어야 한다. 아주 사소한 일이라도 책임지는 아이는 자신의 인생도 책임지게 되며, 그것이 성공적인 삶으로 나타나게 되는 것이다.

배려 : 남을 생각하고 배려하는 마음을 가짐

'역지사지(易地思之)'

라는 말이 있다. 타인의 입장에서 생각하는 것이다. 사람들은 양보와 배려를 곧 희생이라고 생각한다. 인간은 사회적 동물이다. 타인이 없으면 살 수 없다. 또한 타인에게 양보하고 타인을 배려하는 것은 결코 희생이 아니다. 내가 행한 양보와 배려는 어떤 형태로든 반드시 내게 되돌아오게 되어 있다.

 배려는 단지 남을 배려하는 것에 머무르지 않는다. 타인을 배려하려면 그 전에 먼저 자기 자신을 배려할 줄 알아야 한다. 자신을 존중하고 배려할 줄 아는 사람이 타인에 대한 배려, 더 넓게는 사회에 대한 배려까지 할 수 있다. 그렇기 때문에 아이에게 배려심을 가르친다는 것은 타인에 대한 배려와 함께 자기 자신을 배려하는 방법을 가르치는 것이다.

소유 : 올바른 소유와 나눔에 대한 덕목

건강한 소유의식은 자신의 물건과 타인의 물건을 구분할 수 있는 데서 시작된다. 자신의 물건이 아닌 것에 욕심 내지 않고, 타인의 것을 존중하는 것이 건강한 소유의 기본 바탕이다.

 또한 진정한 소유는 자신의 것과 타인의 것을 구분하는 데 머무르지 않는다. 진정한 소유란 자신이 소유한 것을 어떻게 나누는가를 아는 것으로 완성된다. 내가 가진 것을 타인과 나눌 수 있는 소유가 진정한 소유이고, 타인과 함께 나누는 삶을 통해 아이들의 삶은 행복해질 수 있다.

현재 '정약용책배소'에 대한 인성교육은 유치원과 초등학교에 덕목별 걸개그림을 배포하고 그 걸개그림을 토대로 해당 덕목에 대해 인지시킬 수 있는 교육이 병행되고 있다. 덕목별 걸개그림은 동화와 연계하여 아이들이 쉽게 이해할 수 있도록 제작되었다. 아이들 눈높이에 맞춘 방식이다. 각 덕목별 연계 동화는 《피노키오》(정직), 《사자와 생쥐》(약속), 《장발장》(용서), 《두 친구

피노키오를 활용한 정직 덕목 걸개그림

의 새끼줄》(책임),《여우와 두루미》(배려),《금도끼 은도끼》(소유) 등이다.

일선 유치원의 반응은 기대 이상이다. 동화로 제작되었기 때문에 아이들의 관심을 끌 뿐만 아니라, 선생님들이 자연스럽게 인성교육과 접목할 수 있다는 것이다. 이런 예에서 알 수 있듯, 아이를 대상으로 한 인성교육은 가장 기본적인 덕목을 기준으로 아이들이 흥미를 느낄 수 있게 접근해야 한다. 아이들이 흥미를 느낄 때 인성교육이 시작되기 때문이다. 따라서 성장기에 있는 아이들에게 인성교육을 실행할 때에는 '무엇을 해야 한다'는 강요 방법은 무의미하다. 아이들이 마음으로 공감할 수 있는 것이 무엇인지 먼저 살피고, 도덕적 인성을 갖추는 것이 자신에게도 큰 기쁨을 준다는 것을 체험으로 깨닫게 해야 한다.

아이의 행복을
먼저 생각하라

"학생의 현재 기분 상태를 파악할 수 있다면 어떨까?"

1998년 내가 '행복출석부'를 만들 때 했던 질문이다. 우리는 아이들의 건강은 체크하면서 감정을 체크하는 데에는 소홀하다. 하지만 감성이 아직 확립되지 않은 아이들과 청소년의 경우 감정 변화가 어른보다 훨씬 중요하다. 어른들은 감정을 통제하는 법에 익숙하지만, 성장기에 있는 아이들은 시시때때로 찾아드는 감정 변화를 스스로 통제할 수 없어 예기치 않은 실수를 저지를 가능성이 높기 때문이다. 따라서 부모와 교사는 신체적 건강과 함께 아이의 정신건강에 더욱 신경 써야 한다. 이를 위해 고안해 낸 것이 바로 '행복출석부'이다.

'행복출석부'란 교사가 출석을 부를 때 학생의 감정을 파악할 수 있도록 하는 것이다. 교사가 출석을 부르면 아이들은 감정 조견표(그림)에 따라 자신의 감정을 "네, O번입니다."라는 형식으로 대답을 한다. 감정 조견표는 총 42개 항목으로 '가슴이 벅차다', '양보하고 싶다', '기쁘다'와 같은 긍정적인 표현 21개와 '우울하다', '걱정이 많다', '밉다'와 같은 부정적 표현 21개로 이루어져 있다. 교사는 학생이 말한 번호를 통해 학생상담 등에 활용한다.

행복출석부는 단지 아이들의 감정 상태를 파악하고 교사들이 아이들을 상담할 때 활용되는 자료에 그치지 않는다. 행복출석부의 또 다른 장점은 아이 스스로 자신의 기분과 감정을 표현한

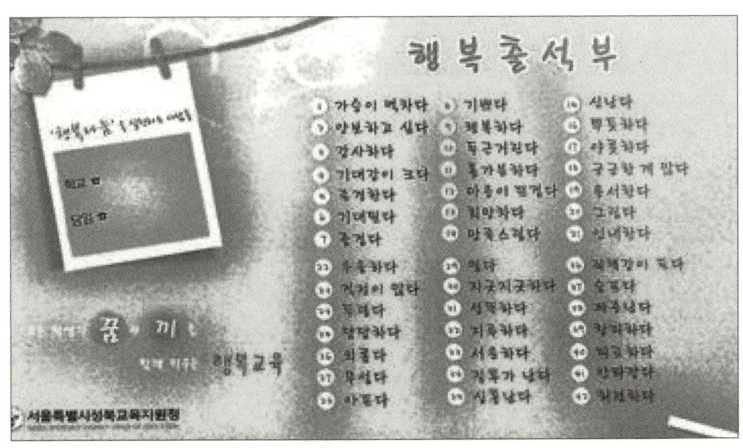

행복출석부 감정 조견표

다는 것이다. 이는 아이들의 정서 발달에 도움이 된다. 또한 자신의 감정뿐만 아니라 다른 친구들의 감정이나 정서도 파악할 수 있어 보다 성숙한 인간관계를 이룰 수 있도록 돕는다.

물론 초기에는 학생들의 학교생활이나 가정생활 등에서의 다양한 감정을 한 가지 단어로 공개적으로 표출하는 것에 대한 우려도 있었다. 그리고 학생들이 얼마나 진정성 있는 답변을 할 것인지에 대한 의문 등을 들어 실효성에 대한 문제가 제기되기도 했다.

하지만 시작부터 완벽한 제도는 없다. 특히 인성교육에서는 어떤 방법이든 간에 인내심을 가지고 장기적인 안목으로 진행해야 한다.

실천하며 배우는
인성 습관

    2013년 9월 5일 서울시 서초고등학교에서 위안부 소녀상에 대한 제막식이 진행되었다. 이 소녀상은 일본군 위안부의 비극을 고발하기 위해 서초고등학교 학생들이 직접 제작한 것이다. 서초고등학교는 위안부 소녀상 제작을 계기로 위안부 문제는 물론 독도 문제까지 교사와 학생, 학부모와 전문가가 참여하는 세미나와 토론회를 지속적으로 진행할 계획이라고 한다.

    나는 이렇듯 학생들이 직접 참여하는 교육이 중요하다고 생각한다. 실천이 병행되지 않는 교육은 탁상공론으로 끝나기 쉽기 때문이다. 또한 직접 실천으로 옮길 때 훨씬 높은 교육 효과를 얻을 수 있다.

그래서 나는 무엇이든 체험 중심으로 교육을 진행해야 한다고 주장한다. 현장에서의 진로 체험을 추진하는 것도 이런 이유에서이고, 지금까지 교실에서 듣기만 하던 인성 수업도 학생 스스로 느끼고 체화할 수 있도록 진행해야 한다는 것이다. 특히 인성교육의 경우 실천 중심으로 교육을 진행할 경우 효율성이 높을 뿐만 아니라 지속적인 실천을 통해 인성 습관을 기를 수 있다는 장점이 있다.

그런 생각으로 실시되고 있는 것이 바로 '학년 수행과제'이다. 현재 서울에서 중점적으로 진행하고 있는 학년 수행과제는 크게 나라사랑교육과 정보윤리교육으로 설명할 수 있다. 특히 나라사랑교육은 올바른 역사 인식을 통해 나라에 대한 사랑을 키우는 것이다. 나라와 민족에 대한 교육은 자기 정체성과도 연관이 되는 중요한 부분이다. 내가 사는 나라와 내 민족에 대해 알지 못하면 그 안에 속해 있는 '나'도 알 수 없기 때문이다.

학교 밖에서 이루어지는 인성교육

나라사랑교육은 '우리 학교 한국전쟁 참전 학도병 탐구대회' 등 학생이 참여할 수 있는 행사는 물론 현장 체험 중심의 통일안보교육 강화를 통해 현재 우리나라가 처한 분단 상황을 올바르게 인식할 수 있도록 만드는 것이 목적이다.

그리고 올바른 역사 인식을 위한 실천과제도 필요하다. 올바른 역사 인식을 바탕으로 국가관과 가치관이 형성될 수 있기 때문이다. 일례로 독도 교육 강화를 들 수 있다. 현재 서울시의 독도 지킴이 거점학교는 7개교로(초등학교 2개교, 중학교 2개교, 고등학교 3개교), 학교 및 지역 교육청 주관으로 독도 탐방 등의 프로그램을 운영하고 있다. 또한 독도 걸개지도를 제작하여 학생들에게 독도에 대한 애착심을 심어 주고 있다. 이 교육을 통해 이제부터 학생들은 독도를 일본 땅이라고 주장하는 사람들에게 독도가 우리나라 땅임을 논리적으로 알릴 수 있게 될 것이다.

올바른 역사교육 외에도 최근 문제시되고 있는 사이버 언어폭력을 예방하고, 건전한 사이버문화를 조성하기 위한 인성교육도 필요하다. 이러한 인성교육이 효과를 높이려면 학생들에게 흥미를 줄 수 있는 방식의 눈높이 맞춤 교육이 필요하다. 일례로 초등학생과 중학생을 대상으로 인터넷과 휴대전화 과다 사용 예방을 위한 연극과 뮤지컬 공연 관람을 실시할 수 있다. 재미있는 공연을 통해 학생들의 몰입도를 높여 인터넷이나 휴대전화에 대한 과도한 집착을 분산시킬 수 있기 때문이다. 이러한 학생 중심의 교육은 물론 교사와 학부모를 대상으로 인터넷 과다 사용 예방 교육 및 상담과 치료도 병행되어야 한다. 연극이나 뮤지컬 등이 정서적 방식의 교육이라면 교사와 학부모의 교육은 실질적으로 이루어져야 하기 때문이다.

  앞서 말했듯 인성교육은 한정된 교사와 교과 시간으로는 완벽하게 이루어질 수 없다. 따라서 여타 인성교육 전문기관과 사회단체와 함께 운영되어야 한다. 사회 공동체와 더불어 실천 중심의 인성교육이 이루어질 때 아이들의 인성은 더욱 안정적으로 성장할 것이다.

건강도 인성의
기본 덕목이다

　혜화여자고등학교의 플로어볼 동아리는 창단한 지 3년밖에 되지 않은 학교 내 동아리이다. 하지만 3년밖에 되지 않은 이 동아리가 전국대회에서 우승을 차지하는 기염을 토했다. 2013년 10월 19일 전국체전에 서울 대표로 출전하여 우승이라는 값진 결과를 일구어 낸 것이다. 더구나 그 시작이 전문 체육부가 아닌 0교시 체육 활동이었기 때문에 그 의미가 더 크다.
　현재 혜화여고에는 이처럼 0교시에 체육 활동을 하는 동아리가 7개 있다. 물론 전문 클럽 수준은 아니지만 저마다 즐겁게 동아리 활동에 참여하고 있다.
　0교시 체육 활동은 2005년 미국 일리노이 주에 있는 네이퍼빌 고등학교에서 시작되었다. 체육교사인 필 롤러는 학생들의 체력이 날로 나빠지는 이유를 찾다가 운동량이 적은 것은 물론 일상생활에서 움직이는 시간도 적다는 것을 발견했다. 그는 매일 아침 정규 수업 전에 학생들에게 심장박동 측정기를 달아 주고는 운동장을 달리게 했다. 그런데 아침에 달린 학생들이 전혀 달리지 않는 학생들보다 읽기 능력이 17퍼센트 향상된 결과가 나타났다. 이후 필 롤러는 읽기 능력이 부족한 학생들을 대상으로 1년간 0교시 체육 활동을 진행했다. 체육 활동을 한 후 학생들의 수업태도가 더 좋아졌고, 그 결과 읽기 능력과 함께 집중력, 기억력 등 모든 학습 능력이 향상되었다. 이러한 결과로 인해 네이퍼빌 고등학교는 전교생을 대상으로 0교시 체육 활동을 실시하였고, 학생들은 세계 학생들이 참가하는 학업성취도평가인 팀스(TIMSS)에서 과학 1등, 수학 6등을 기록하는 성과를 이루어 냈다. 이는 체육 활동이 학습에 도움이 된다는 점을 입증한 사례로 '네이퍼빌의 기적'으로 불리며 미국 전역으로 0교시 체육 활동이 확대되는 계기가 되었다.

체력이 인성의 기본이 되는 이유

연세대학교 체육교육학과 서상훈 교수는 0교시 체육 활동의 필요성에 대해 다음과 같이 이야기한다.

"운동이 인간의 신체·두뇌 발달에 도움이 된다는 사실은 누구나 알고 있다. 꾸준한 체육교육이 중요한 이유도 여기에 있다. 체력이 향상되면 두뇌 혈류가 원활해져 학습 능력이 좋아진다."

사람들에게 행복의 조건을 물을 때 많이 등장하는 단어 중 하나가 건강이다. 사람들은 누구나 건강이 행복한 삶의 조건이라고 생각한다. 하지만 현재 우리나라 교육은 이와는 반대로 움직이고 있다. 지나친 입시 위주의 교육으로 인해 체육교육이 일부 학부모들에게 불필요한 교육으로 인식되고 있다.

체육교육이 아이들에게 필요한 이유는 무엇일까? 첫째, 스트레스를 풀 수 있는 가장 좋은 방법이다. 요즘 학생들은 성적에 대한 지나친 부담으로 스트레스를 많이 받고 있으며, 학업으로 쌓인 스트레스를 컴퓨터나 텔레비전 시청 등으로 해소한다. 한자리에 앉아 공부만 하느라 그렇지 않아도 신체 활동량이 떨어지는데, 이로 인한 스트레스를 정적인 활동으로 풀고 있으니 운동량이 급격히 낮아질 수밖에 없다. 2010년 국민건강영양조사에서 주 5회 30분 이상 운동하는 학생의 비율이 전체의 30퍼센트도 되지 않았다. 당연히 체력에 문제가 있을 수밖에 없다. 체력이 떨어지면 그만큼 학업 능률도 떨어지니 스트레스와 체력 소모 등의 악순환이 이어진다.

둘째, 수업에 대한 집중도가 향상된다. 0교시부터 체육 활동을 하면 피곤하기 때문에 수업시간에 집중력이 떨어질 것이라고 생각하는 사람이 많다. 하지만 실제로는 0교시 체육 활동이 수업시간의 집중력을 높인다. 본격적인 수업에 들어가기 전에 몸을 움직이면 몸의 각 근육은 물론이고 밤새 잠자고 있던 뇌를 깨우는 효과를 불러오기 때문이다.

또한 0교시 체육 활동에 임했던 학생들은 0교시 체육 활동의 장점으로 다음 몇 가지를 꼽았다. 첫째, 아침에 일찍 일어나 엄마에게 잔소리를 듣지 않아서 하루를 기분 좋게 시작할 수 있다. 둘째, 건강하고 활기찬 생활이 가능해져 자신감이 생긴다. 셋째, 활기찬 기분 탓인지 대인관계가 좋아진다. 직접 체험했던 학생들이 스스로 0교시 체육 활동의 긍정성을 인정한 것이다.

체력이 인성의 기본인 이유는 건강한 육체로 인해 건강한 정신을 가질 수 있기 때문이다. 그렇기 때문에 공교육의 하나의 축으로 체력을 꼽는 것이다. 공교육의 기본을 지키기 위해서라도 0교시 체육 활동에 대한 지속적인 지원이 필요하다. 또한 학교 체육에 대한 지원과 활성화를 통해 학교체육이 생활체육과 평생체육으로 발전할 수 있도록 선순환적 체육 시스템을 조성해야 한다.

무엇이든 물어보세요
창의적 인성교육에 대하여

Q1. [인성교육의 필요성]
행복교육에서는 아이들의 인성교육을 강조하고 있는데, 그 이유와 필요성에 대해 구체적으로 알고 싶습니다.

공부 잘하는 아이는 많지만 뛰어난 도덕적 품성과 능력을 가진 아이는 많지 않은 것이 지금의 현실입니다. 인성이 떨어지는 아이는 앞으로 점점 더 살아남기가 어려울 것입니다. 오늘날과 같이 급변하는 세상에서 성공하려면 도덕적 품성과 유연한 사고방식을 가지고 세상이 필요로 하는 것을 정확히 파악한 다음 그것을 충족시켜 줄 수 있어야 하기 때문입니다.

이런 측면에서 주목받고 있는 것이 바로 '서번트 리더(servant leader)'입니다. 서번트 리더란 부하 직원이나 종업원 등 아랫사람을 부림의 대상이 아니라 섬김의 대상으로 보는 도덕성을 갖춘 리더를 말합니다. 이들은 아랫사람들에게 무조건 명령을 내리는 것이 아니라 그들이 필요로 하는 것이 무엇인가를 파악하고 이를 충족시켜 주기 위해 노력합니다. 그렇게 하여 신뢰관계가 구축되면 이는 곧 조직 구성원의 자발적이고 열정적인 협동으로 이어집니다. 즉, 서번트 리더는 자신을 아낌없이 내주는 것으로 아랫사람의 자발적인 헌신과 참여를 이끌어 내고, 주인의식과 책임감을 고취시킵니다. 다른 사람의 성공을 위해 노력함으로써 결국 나의 성공을 이루는 것입니다.

그린리프센터 조사에 따르면《포춘》이 매해 선정하는 '일하고 싶은 100대 기업'의 3분의 1 이상의 기업이 서번트 리더십을 도입했으며, 그 수는 계속 증가하고 있다고 합니다. 이렇듯 현대사회에서는 인성이 하나의 경쟁력이자 역량입니다. 학생들에게 도덕적 품성과 능력을 키워 줘야 하는 이유가 바로 여기에 있습니다.

우리는 인성교육을 통해 사람으로서 지켜야 할 도리와 규범, 세상을 바로 보는 가치관을 배웁니다. 또한 올바른 인성은 남과 더불어 사는 세상에서 지켜야 할 것이 무엇인지, 그 속에서 남과 나 모두를 위해 과연 어떤 선택을 하는 것이 옳은지를 판단할 때 그 기준이 되어 줍니다. 그러므로 도덕적 품성과 능력은 내가 가진 재능이 가치 있게 발현되고 삶의 목적에 어긋나지 않도록 하는 길잡이 역할을 한다고 볼 수 있습니다.

성공하려면 남보다 앞서야 한다고, 남을 이기기 위해 공부를 더 열심히 해야 한다고 가르치고 있는 부모, 교사들은 이제부터

라도 아이에게 도덕적 품성과 능력을 심어 주어야 합니다.

Q2. [인성교육의 활성화 정책]
인성교육을 활성화할 수 있는 정책으로는 어떤 것이 있는지, 또 그로 인해 앞으로 기대해 볼 수 있는 긍정적인 효과는 무엇인지 궁금합니다.

인성교육은 아동기와 청소년기에 이루어져야 좋은 효과를 얻을 수 있습니다. 그렇기 때문에 유아기부터 시작하여, 중·고등학교로 이어지는 인성교육 프로그램을 개발하고 운영해야 합니다. 그래서 저는 현재 '정약용책배소 프로젝트'와 '초·중·고등학교에서의 실천 중심 학년 수행과제'를 실행에 옮기고 있습니다. '초·중·고등학교에서의 실천 중심 학년 수행과제'는 각 학년별 수행과제를 제시하고, 학생들이 실천을 통해 인성을 강화하는 프로그램입니다. 이 외에도 '행복출석부'를 활용한 감성적 인성교육을 실천하고 있습니다.

이렇게 유아기부터 고등학교까지 실행되는 인성교육은 학교 폭력, 사이버 폭력 등 최근 대두되고 있는 학원 폭력에 대한 근본적인 해결책이 됩니다. 인성교육을 통해 남을 배려하는 것에 대한 중요성을 알게 되면, 학교 폭력은 자연스럽게 사라질 것이기 때문입니다. 뿐만 아니라 인성교육은 성장기 아이들에게 올바른 가치관을 심어 줄 뿐 아니라 세계화 시대에 어울리는 인재로 성장하는 토대를 마련해 줍니다.

Q3. [나라사랑교육]
서울시교육청은 울릉교육지원청과의 업무 협약을 통해 올해를 '독도교육 강화 원년'으로 선언했는데 그 배경과 내용은 무엇입니까? 또한 우리나라 학생들의 역사의식이 취약하다는 평가를 받고 있는데, 이에 대한 견해와 대책은 무엇입니까?

 최근 일본이 급속도로 우경화되면서, 일본 역사교과서 왜곡이 점점 더 심해져 가고 독도 영유권을 둘러싸고 독도를 국제분쟁 지역으로 삼으려는 의도를 노골적으로 드러내고 있습니다. 일본의 부당한 주장에는 감정적 대응보다 논리적 대응이 필요합니다. 이러한 이유로 올해를 '독도교육 강화 원년'으로 선언하여 독도 분쟁에 대해 논리적으로 대응할 수 있는 체계적인 역사교육을 실행하게 된 것입니다.
 실질적인 교육으로는 초중고 교육과정 내에서 독도교육을 연간 10시간 이상 실시하여 학생들에게 독도 주권의식과 나라사랑교육에 대한 가치관을 심어 주고자 했습니다.

아울러 2013년 하반기에는 독도 탐방 활동 지원을 강화하여 시의원, 교육관계자, 교원, 학생 등 1,000여 명에게 독도 탐방 활동을 확대 지원했으며, 독도교육 멀티미디어 학습 자료 보급, 독도 실시간 영상학습관 설치, 독도교육 교수·학습 지도자료 개발 및 보급, 독도교육용 걸개지도 제작 및 보급 등의 사업 지원을 통해 독도교육이 더욱 활성화되도록 노력하고 있습니다.

최근 초중고 학생의 역사의식 부재에 대한 비판의 목소리가 높습니다. 실제로 중국과 일본이 역사를 왜곡한다는 사실을 인식하고는 있지만 구체적인 내용을 모르는 학생이 대부분입니다. 우리나라 역사에 대해 관심조차 없는 학생도 있습니다. 이에 대해 청소년들의 낮은 역사의식에 대한 개선 방안을 마련해야 한다는 공감대가 형성되었습니다.

서울시교육청에서는 초·중·고 역사교육 강화 추진단을 구성·운영하고 있으며, 역사교육 전문가와 교사·학생·학부모의 의견을 수렴하여 역사교육 강화계획을 수립하고 실행할 계획입니다. 또한 흥미와 동기를 유발할 수 있도록 탐구 체험 요소 등을 강화한 역사 교육과정을 개발하고, 암기와 지식 전달 중심의 역사수업을 개선하여 토론, 탐구, 체험 중심의 역사수업이 될 수 있도록 다양한 역사 체험 프로그램 개발에 힘쓰고 있습니다. 이러한 역사교육으로 인해 학생들은 올바른 역사의식 및 나라사랑 마음이 고취될 것이며, 이는 한국인이라는 자아 정체성 확립에도 도움이 될 것입니다.

Q4. [학교 스포츠 활성화]

최근 학생들의 신체 발육은 좋아졌지만 체력은 떨어졌다는 의견이 많습니다. 그 이유로 일선 교육 현장에서 체육교과 교육이 제대로 이루어지지 않고 있다는 점을 듭니다. 심지어 일부 학교에서는 체육시간을 다른 주요 교과 시간으로 대체하는 경우도 있습니다. 이에 대한 대안과 해결 방법은 무엇입니까?

  공교육의 목표와 이념은 학생들의 '지·덕·체 함양'입니다. 즉, 지식과 인성(덕)과 체력을 함양해야 하는 것입니다. 하지만 현재 우리나라 교육은 오로지 '지'에만 치중된 실정입니다.
  건강한 육체에 건강한 정신이 깃든다는 말이 있습니다. 이는 건강한 체력을 가지고 있어야 지식이든, 인성이든 제대로 배울 수 있음을 의미합니다. 실제로 0교시 체육 활동을 실시하고 있는 학교가 있습니다. 0교시 체육 활동에 참여한 학생들은 수업 시간에 집중력이 향상되어 학습 능력이 상승했으며, 대인관계도 개선되는 성과를 보였습니다. 즉, 몸이 건강해야 학습 능력도 향상된다는 것을 보여 주었습니다.
  이를 기반으로 서울시교육청에서는 '스포츠교육의 제 모습

찾기'를 꾀하고 있습니다. 스포츠 참여 기회를 확대하여 건강하고 활기찬 학교문화를 조성하고, 가족 단위의 스포츠 참여 분위기를 조성하여 생활 스포츠 문화를 정립할 계획입니다. 이를 통해 학교체육-생활체육-평생체육의 선순환적 체육 시스템에 대한 기반이 조성될 것이라 생각됩니다.

또한 스포츠교육을 활성화시키기 위해 초등·특수학교에 스포츠 강사를 585명으로 확대 배치했으며, 초등학교 3학년 대상으로 수영교육을 실시하고 있습니다. 이후 지속적인 활성화를 위해 초등학교 체육 전담 교사의 배치를 순차적으로 확대할 계획입니다. 이러한 스포츠교육에 대한 투자가 학생들을 건강하게 만들고, 나아가 우리 사회를 건강하게 만들 것입니다.

독서 문화 만들기

아이가 언제, 어디서든 책을 읽을 수 있도록 독서 습관을 길러 주어야 한다. 또한 학생뿐만 아니라 사회 구성원이 함께 독서문화를 형성해야 한다. 전 사회에 걸쳐 독서문화가 형성되어야 건강하고 행복한 사회로 발전할 수 있기 때문이다.

성장기 아이들이 책을 읽게 하려면

　우리나라는 독서량이 적은 것으로 유명하다. 취업포털 커리어가 직장인 768명을 대상으로 독서 현황을 조사한 결과 한 달에 평균 0.8권을 읽는다고 한다. 한 달에 책 1권을 읽는다는 응답자가 25.7퍼센트로 가장 많았고, 한 권도 읽지 않는다는 응답자도 23퍼센트나 되었다. 학생도 별반 다르지 않다. 문화체육관광부가 실시한 〈2011 국민독서 실태조사〉에서 초등학생 28.7퍼센트, 중학생 61.6퍼센트, 고등학생 69.0퍼센트가 독서량이 부족한 것으로 나타났다. 이 조사를 토대로 우리나라의 연령대별 독서량을 비교하면 다음과 같이 표현할 수 있다.

> 유아기 > 초등학생 > 중학생 > 고등학생 > 성인

　이런 현상이 나타나는 데에는 무엇보다 부모들의 영향이 크다. 성적을 가장 중요하게 여기는 대다수의 부모들이 독서는 학업과는 별개라고 인식하는 것이다. 학생들은 학교 수업이 벅차 책 읽을 시간이 없다고 말하고, 부모들은 독서가 필요하다고 하면서도 당장의 성적에 더 목숨을 건다(책 읽을 시간에 그 책의 요점을 적어 놓은 참고서를 보는 것이 낫다고 생각한다).

　독서는 습관이고 익숙해짐이다. 영상과는 달리 책은 문자로 이루어져 있다. 그 문자를 인식하고 이해하는 데에는 훈련이 필요하다. 책을 읽지 않았던 사람이 독서를 할 경우 '글이 눈에 들어오지 않는' 현상이 벌어진다. 이는 문자 인식 능력이 떨어지기 때문에 벌어지는 현상이다. 글이 눈에 들어오지 않으니 이해하기도 어렵고 당연히 책을 더욱 멀리하게 된다.

　이렇듯 독서문화가 정착되지 않은 상태에서 독서교육을 한다는 것은 매우 어려운 일이다. 책 읽는 행위 자체에 익숙하지 않은 상태에서 당위성만 가지고 독서를 강요한다면 오히려 반감을 일으킬 수 있다. 따라서 학생들이 독서하는 습관을 갖게 하려면, 자연스럽게 책을 가까이 할 수 있도록 독서문화가 형성되어야 한다. 즉, 독서의 중요성을 알려 주되 강압이 아니라 스스로

책을 찾을 수 있는 문화를 형성해야 한다는 것이다.

학교와 사회가 함께 만들어 가는 독서문화

독서문화는 학교에서 노력한다고 형성되지는 않는다. 책 읽는 문화가 사회 전반에 자리 잡히지 않은 상태에서 학교 교과만으로 독서문화가 형성될 수는 없다. 이런 이유로 나는 학교뿐 아니라 사회 전반에 독서문화가 형성되는 것을 주요 과제로 삼고 있다. 즉, 초등학생부터 성인까지 이어지는 독서문화를 형성하는 것이 아이들에게 책을 읽히는 지름길이라고 생각한다.

따라서 독서교육과 함께 이루어져야 하는 것이 바로 '독서공동체'이다. 독서공동체의 기본 방향은 세 가지로 첫째, 초등학생부터 성인까지 독서문화를 사회 전반에 걸쳐 형성하는 것을 목표로 삼는 것이다. 둘째, 학교도서관과 공공도서관을 적극적으로 활용하는 것이다. 셋째, 기업 및 기관과의 연계를 통해 보다 다양한 독서 프로그램을 개발 운영하는 것이다.

이러한 세 가지의 기본 방향을 중심으로 독서문화를 정착하려면 다음 네 가지가 함께 이루어져야 한다.

1. 학교도서관과 공공도서관을 중심으로 한 행복독서네트워크의

구축

2. 초등학생에게 책 읽는 습관을 가르치기 위한 독서전용시간제 운영
3. 학교도서관 활용성의 강화
4. 다양한 독서 프로그램 개발

  도서관을 중심으로 행복독서네트워크를 구축하는 것은 학교도서관과 공공도서관의 연계를 통해 독서 네트워크를 구축하여, 학생과 일반인 모두 독서를 생활화하는 것을 목적으로 한다. 이를 통해 사회 전반에 걸친 책 읽는 문화의 생활화를 꾀할 수 있다. 초등학교 대상 독서전용시간제의 운영은 초등학생에게 책 읽는 습관을 들이기 위해 필요하다. 초등학생부터 독서 습관을 들여야 중·고등학생을 지나 어른이 되어서까지 책 읽는 습관을 이어갈 수 있기 때문이다. 운영 방식으로는 학습 시간에 책읽기나 독서 관련 이야기와 토론 등을 나누어 운영하여 독서를 친숙하게 만드는 것을 들 수 있다. 학교도서관 활용성의 강화는 학교도서관의 전문성을 강화하여, 학교도서관이 책을 대여해 주는 역할만 수행하는 것이 아니라 독서 체험은 물론 다양한 교과 활용까지 할 수 있도록 만들어야 한다는 것이다. 이는 학생들이 도서관에 습관적으로 드나들게 만들 수 있다는 장점이 있다.

  또한 학교도서관을 일반인에게도 개방하여 범사회적 독서문

화 형성을 위한 토대로서의 역할 수행도 필요하다. 즉, 물론 일반인 대상의 독서 프로그램을 개발하여, 사회 전반에 걸친 독서문화 형성의 기반을 만들어야 한다는 의미이다. 현재 운영 중인 독서 프로그램으로는 행복독서버스, 이야기 할머니·할아버지, 서울행복독서 포럼 등이 있다.

2013년 하반기에 전개된 '1인 3책 선물하기 운동'이 있다. 한 명이 책을 받으면 그 사람은 세 명의 사람에게 각각 한 권의 책을 선물하는 운동이다. 즉, 한 명이 책을 선물하면 그 한 권의 책이 1단계에서는 세 명의 독자를 만들고, 2단계에서는 아홉 명의 독자를 만든다. 이렇게 단계가 깊어질수록 책을 읽는 사람이 많아지고, 이렇게 책 읽는 사람들이 모여 독서문화가 형성되는 것이다.

독서문화 형성은 작은 실천에서 시작될 수도 있고, 정책을 펼쳐 체계적으로 이루어 나갈 수도 있다. 물론 두 가지가 복합적으로 펼쳐져야 된다. 아무리 제도나 정책이 좋다고 해도, 이를 받아들이는 사람들의 태도가 적극적이지 않으면 그 제도는 제대로 구현될 수 없기 때문이다. 결국 독서문화의 형성은 정책 실행과 함께 사회 공동체가 함께 나서야 이루어진다. 또한 독서문화가 사회에 자연스럽게 정착될 때, 아이들 역시 독서를 습관화하고 책 읽는 즐거움을 알게 될 것이다.

책 읽는 즐거움을 일깨워 줄
독서문화 만들기

한국교원대학교 박영민 교수는 올바른 독서습관이 자리 잡으려면 독서문화가 선행되어야 한다고 말한다.

"미국의 독서문화는 학생들에게 책을 읽어주는 것에서 시작된다. 이러한 책 읽어주기는 가정에서부터 시작된다. 일반적으로 미국에서는 아이들이 잠자리에 들기 전에 책을 읽어주는데 이는 '베드타임 스토리(bedtime story)'라고 하여 미국의 독서문화로 자리 잡았다."

박영민 교수는 이렇게 어려서부터 시작된 독서문화가 습관이 되어 독서에 대한 거부감이 없어지는 것이라고 말한다.

초등학생부터 가르쳐야 할 독서 습관

박영민 교수의 말처럼 책을 읽는 행위는 일종의 습관이기 때문에 어릴 때부터 훈련을 해야 한다. 단, 이 훈련이 강요에 의한 것이 아니라 재미있는 놀이를 익히듯 자연스럽게 진행되어야 한다.

이런 취지하에 내가 필요하다고 생각하는 것이 '초등학교 독서전용시간제'이다. 현재 서울시 초등학교 597개교에서 운영되고 있다. 독서전용시간제는 아침 학습 시간은 물론 정규 수업시간에도 일정 시간을 할애하여 아이들이 책을 읽거나 독서 토론 등을 하는 것을 말한다.

일부 학교는 학교교육계획에 의거해 교과 및 창의적 체험 활동 시간 중 주당 1시간을 독서 시간으로 할애하기도 한다. 주당 1시간을 1년으로 산정하면 34시간 이상으로, 그리 많다고 할 수는 없지만 독서를 습관화하는 첫걸음이라는 점에서 보면 시도 자체가 중요하다고 할 수 있다.

초등학교 독서전용시간제의 장점은 학생들이 어려서부터 독

	운영 학교	아침 전용시간	교과 연계	창체 연계
운영학교 수(교)	597	587	578	511
운영 비율(%)	100	98.3	96.8	85.6

초등 독서전용시간제 운영 현황(2013. 8.)

서 습관을 들일 수 있다는 것과 이를 기반으로 평생 독자로 성장할 수 있다는 것이다. 이것이 우리나라 독서문화 형성의 모태가 된다면, 아이들이 자라 사회에 나갈 무렵에는 언제 어디서든 즐겁게 책을 읽는 것이 자연스러운 문화로 정착될 것이다.

이러한 초등학교 독서교육의 중요성으로 인해 초등학생 독서교육은 서울시교육청 전자도서관을 활용한 온라인 교육도 병행된다. 전자도서관에서는 학생별 온라인 독서교육 외에도 아이별 독서 흥미도와 독서 수준, 독서 편식 검사를 진행하고 검사 결과에 따라 학생별 독서력 향상 프로그램을 제공하고 있다. 이를 통해 교사나 학부모는 보다 체계적으로 아이에게 독서교육을 시킬 수 있다. 온라인 독서교육의 병행으로 읽기 능력이 떨어지는 학생들의 독서 능력이 향상될 것으로 기대된다.

학교도서관 이용하기

이전까지 학교도서관은 책을 비치하는 것에 머물렀던 것이 사실이다. 그만큼 전문적으로 운영되는 학교도서관도 적었다. 하지만 학교도서관은 학업에 시간을 많이 할애하는 우리나라 학생들에게 손쉽게 책과 접할 수 있는 유일한 장소이다. 따라서 학교에서 운영하는 도서관은 그 어떤 곳보다도 전문성을 가지고 있어야 한다. 성장기 아이들에게 좋은 영향을 미칠 수 있는 양질의 도서가 제대로 보급되어야 하는 것은 물론이고, 아이들이 아무 때나 편안하게 자리 잡고 책을 읽을 수 있는 여건도 갖추고 있어야 한다.

무엇보다 중요한 것은 아이들에게 양질의 책을 권하고, 올바른 독서 습관 형성에 도움이 될 전문 인력이 있어야 한다는 점이다. 현재 서울의 초·중학교에 준사서 이상의 자격증을 소지한 전문가 배치를 추진 중에 있으며, 학교도서관 담당자를 대상으로 직무 연수를 실시하여 독서교육을 위한 역량 강화를 꾀하고 있다.

또한 학교도서관을 활용한 수업을 개발하고, 교과 연계 독서 및 과제 탐구, 수행평가 등을 추진하고 있는데, 이는 독서뿐만 아니라 도서관 활용 습관도 강화하기 위한 방안이다.

적극적인 독서를 위한 다양한 방안

학교도서관 정립으로 독서문화를 조성하는 환경적 조건을 갖추었다면, 실질적인 독서 프로그램으로 학생들이 독서 자체에 흥미를 가지고 보다 적극적으로 책을 읽을 수 있는 방안이 마련되어야 한다.

일례로 초등학교 저학년 학생들을 위한 방학 중 독서 프로그램, 중3과 고3 학생들을 대상으로 한 방학 중 독서 프로그램 등

	중학교(총 386)		고등학교(총 318)	
	교과연계	창제연계	교과연계	창제연계
운영학교 수(교)	367	142	267	211
운영 비율(%)	95.1	36.8	84.0	66.4

중·고등학교 교육과정 내 독서교육 연계 현황(2013. 8.)

을 들 수 있다. 이 외에도 학생들의 자아 존중감 및 자기 주도적 인성 형성을 위한 독서치료와 독서토론 프로그램도 필요하다. 독서를 통한 여타 교육과의 실질적인 연계를 이룰 수 있기 때문이다. 현재 서울시 중·고등학교의 독서교육은 현재 386개 중학교와 318개 고등학교에서 운영하고 있다(2013년 8월).

이런 프로그램은 초등학교에서 독서 습관을 들이고, 중학교와 고등학교에서 독서 습관을 유지하며, 직접적인 학과와 연결하는 방식을 취하고 있다. 이는 학생들에게 독서가 학습과 깊은 관련이 있다는 사실을 직접 체험하게 함으로써 독서의 중요성을 스스로 깨우치게 하기 위함이다. 보다 구체적으로 말하면 초등학교에서 독서 습관을 기르고 중학교와 고등학교에서는 독서를 활용한 학습을 할 수 있도록 만들어, 이것이 결국 자기 주도적인 학습으로 이어지도록 하는 것이다.

하지만 이런 모든 것이 학교나 지역사회에서 제대로 구현되려면 아이들을 이끄는 부모와 교사의 인식 전환이 필요하다. 즉,

독서를 단지 논술을 위한 도구라는 생각부터 버려야 한다는 말이다. 당장 눈앞의 성과에만 치우쳐 아이가 평생 가져가야 할 '독서의 즐거움'을 빼앗아서는 안 된다. 또한 독서는 아이들의 평생을 좌우하는 학습 습관이자 생활 습관임을 명심해야 한다.

독서문화 정립을 위해
우리가 해야 할 일

    2013년 7월 15일 오금초등학교 1학년 1반에서는 할머니와 할아버지들이 들려주는 재미있는 이야기 소리가 교실을 가득 메웠다. 독서문화진흥 사업의 하나인 '이야기 할머니·할아버지'가 펼쳐진 것이다. '이야기 할머니·할아버지'는 고령화 사회를 맞아 지속적으로 증가하고 있는 실버 세대를 대상으로 한 동화구연 교육사업으로 송파구, 서울시교육청, EBS가 함께 독서문화진흥을 위해 공동으로 추진하는 사업이다.

    이른바 할아버지와 손자가 함께하는 독서교육으로, 할아버지와 할머니에게는 재능을 기부하면서 삶의 활력소를 얻을 수 있는 계기가 되고, 아이들에게는 보고 듣는 즐거움과 함께 독서의 중요성도 느낄 수 있는 프로그램이다. 할아버지와 손자가 함께 진정한 독서문화를 형성하는 현장이라 할 수 있다.

사회 공동체가 함께하는 독서문화 형성

사회 전반에 걸친 독서문화 형성을 위해서는 사회 공동체와 함께 하는 독서문화 활성화 사업이 필요하다. 그래야 독서문화 형성을 위한 독서인구의 저변 확대가 가능하기 때문이다. 사회 공동체가 함께하는 독서문화 형성 관련 사업으로는 행복독서네트워크, 행복독서버스 운영 등이 있다.

행복독서네트워크는 학교와 공공도서관이 5개 권역으로 네트워크를 구축하여 독서 프로그램을 개발·운영하는 프로그램으로 현재 36개 도서관과 학교가 참여하고 있다. 대표적인 프로그램으로는 '가족과 함께하는 도서관 데이(Day)', '친구와 함께하는 도서관 데이(Day)' 등으로 공공도서관을 활용하는 습관을 만드는 것이 주된 목표이다.

행복독서버스는 파주출판도시문화재단과 함께하는 일종의 체험학습 프로그램이다. 2013년 10월 처음 운영된 행복독서버스를 통해 학생들은 파주출판도시의 문화공간을 찾아서 독서체험은 물론, 출판·인쇄 현장을 직접 체험했다. 책을 읽는 즐거움을 일깨워 줄 뿐만 아니라 책이 어떻게 만들어지는지를 눈으로 봄으로써 책에 대한 인식을 새롭게 하는 계기를 마련하는 것이 목적이다.

이 외에도 '1인 3책 나누기 운동'과 학부모 1,549명이 참여한 학부모 서포터즈 북돋움 출범, 공공도서관 및 평생학습관 독서동아리 운영 등 사회 공동체와 연계한 다양한 사업이 진행 중이다. 특히 독서동아리는 책 읽는 공동체의 기본이 되는 사업으로 독서동아리 활성화를 위해 각 동아리별로 지원하고 있다. 이러한 동아리가 독서문화 형성의 기틀이 될 것이기 때문이다. 현재 지원을 받는 동아리는 교사 독서동아리 200개 팀, 학부모 독서동아리 150개 팀, 사제동행 독서동아리 90개 팀 등이다.

우리나라의 독서문화 형성 및 독서인구 저변 확대에 대한 노력의 효과는 미미한 것이 사실이다. 하지만 독서문화 형성을 위한 한 걸음을 내딛었다는 것이 중요하다.

학습적 차원이 아니라 마음으로 체화하는 독서는 한 사람의

	학생 독서동아리	학부모 독서동아리	교사 독서동아리
초등학교(팀)	1205(202%)	458(77%)	422(71%)
중학교(팀)	821(203%)	238(162%)	247(64%)
고등학교(팀)	996(313%)	124(39%)	220(69%)

초중고 독서동아리 운영 현황(2013. 8.)

인생을 변화시킨다. 가뜩이나 체험학습이 부족한 한국의 교육 현실 속에서 책은 간접적인 진로 체험의 도구이고, 자신의 꿈과 끼를 발견할 수 있는 열쇠가 되기도 한다. 아이들이 책을 통해 이런 것들을 얻으려면 우리 사회 전반에 걸쳐 자연스러운 독서문화가 형성되어야만 한다. 학교와 가정은 물론 지역사회가 독서문화 형성에 앞장서는 것은 우리 아이들의 미래를 위해 당연히 해야 할 책무 중 하나이다.

무엇이든 물어보세요
독서문화 형성에 대하여

Q1. [독서교육의 필요성]
행복교육의 다섯 가지 핵심 중 하나가 독서교육입니다. 독서교육의 필요성과 독서 활성화를 위한 정책이 있다면 소개해 주세요.

학교 공부를 열심히 하는 것은 중요합니다. 하지만 학교 공부만 열심히 하는 것은 바람직하지 않습니다. 학교 공부를 잘한다고, 성적이 잘 나온다고 교양과 상식이 있다고 보기는 어렵습니다. 즉, 학교 공부를 잘하는 아이는 지식인이 될 수는 있지만 지성인이 될 수는 없습니다. 지성은 지식과 인성과 교양이 어우러졌을 때 만들어지는 것입니다. 하지만 학교에서 가르치는 것은 학생들에게 꼭 필요한 것만 뽑아서 한정된 시간에 가르치기 때문에 지식 외에 인성과 교양을 모두 가르치기에는 한계가 있습니다. 이런 한계를 극복할 수 있는 방법이 바로 독서입니다. 사람다운 사람이 되고 교양과 상식이 풍부한 사람이 된다는 것은 많은 독서를 통해 사람의 내면이 깊고 넓고 두터워진다는 것을 의미합니다.

현재 우리의 독서량이 부족하다는 것은 누구나 알고 있습니다. 그 이유는 독서문화가 형성되지 않았기 때문입니다. 독서문화의 형성은 학교에서의 독서교육만으로는 이루어질 수 없습니다. 가정에서 출발하여 사회 전반에 책 읽는 문화가 자리 잡아야 합니다. 부모가 책을 많이 읽는 집은 아이들도 책을 많이 읽습니다. 반면 부모가 책을 읽지 않고 텔레비전만 보는 집의 아이들은 부모를 따라 텔레비전만 봅니다. 이는 그 가정의 문화가 아이들에게 그대로 반영된다는 것을 의미합니다. 아무리 학교에서 독서교육을 시킨다고 해도 가정의 문화가 독서와 멀리 떨어져 있다면 아이들은 책을 읽지 않습니다. 따라서 독서교육은 학교에서의 독서교육과 사회의 독서문화 형성이 병행되어야 합니다.

현재 학교에서의 독서교육은 초등학교 독서전용시간제 및 학교도서관 활용 촉진 등으로 이루어지며, 사회의 독서문화 형성은 도서관 중심의 행복독서네트워크로 구현되고 있습니다. 또한 학부모들도 함께 독서문화를 형성할 수 있도록 학부모 대상 프로그램도 지속적으로 개발, 운영하고 있습니다.

Q2. [독서교육의 저변 확대]

독서교육의 중요성은 누구나 알고 있습니다. 하지만 우리나라의 경우 도서관 수가 여타 선진국에 비해 매우 부족합니다. 따라서 독서문화의 저변이 미흡합니다. 이에 대한 해결 방안은 무엇입니까?

실제로 우리나라의 공공도서관은 다른 국가에 비해 절대적으로 부족합니다. 즉, 독서문화 형성의 인프라가 부족한 셈입니다. 이러한 인프라 부족 문제는 학교도서관을 활용하는 것으로 해결할 수 있습니다. 학교도서관과 공공도서관을 연계한 행복독서네트워크가 바로 그것입니다.

학교도서관을 방학에도 개방하고 지역 주민이라면 누구나 활용할 수 있도록 하면 공공도서관의 한계를 극복할 수 있습니다. 하지만 학교도서관을 활용하기 전에 선행되어야 할 것이 있습니다. 먼저 학교도서관의 전문성을 강화하는 것입니다. 학교도서관의 전문성을 강화하려면 전문 사서가 필요합니다. 이를 위해 서울시교육청은 2013년 중학교 366개교에 도서관 사서를 배치했습니다.

다음으로 필요한 것이 공공도서관과의 네트워크 구축입니다. 현재 행복독서네트워크는 학교와 공공도서관이 5개 권역으로 네트워크를 구축하여 독서 프로그램을 개발, 운영하고 있습니다. 현재 36개 도서관과 학교가 참여하고 있으며 이는 추후 확대할 예정입니다.

이러한 행복독서네트워크를 통해 가족과 함께하는 도서관 데

이, 친구와 함께하는 도서관 데이 등 독서문화 활성화 프로그램을 개발·실시함으로써 독서교육은 물론 사회적 독서문화 형성을 꾀하고 있습니다.

Q3. [행복독서버스]
'행복독서버스'라는 것이 운행된다는 소식을 접했습니다. 행복독서버스에 대해 자세하게 알려 주세요.

행복독서버스는 서울시교육청과 파주출판도시문화재단이 함께하는 파주북시티 체험학습 프로그램으로 2013년 10월 처음 운영되었습니다.

파주출판도시는 1989년부터 출판인들이 모여 조성한 출판 테마 마을입니다. 이곳은 출판기획, 편집, 인쇄, 물류, 유통까지 하나로 묶여 책에 대한 모든 것을 경험할 수 있는 곳입니다.

학생들은 행복독서버스를 통해 파주북시티 문화공간을 찾아가 독서 체험은 물론 현장에서 출판 및 인쇄 과정을 직접 체험할 수 있습니다. 즉, 파주북시티가 독서 체험을 할 수 있는 살아 있는 체험 교실 역할을 하는 것입니다. 이 프로그램에 참여했던 학생들은 "책 한 권이 세상에 나오기까지 어떤 과정이 필요한지를 직접 눈으로 보면서 책의 소중함을 느낄 수 있었다."고 말합니다. 또한 '행복독서버스'에 참여한 후 책에 대한 관심이 늘어 독서량이 늘었다는 소식도 들려옵니다. 추후 행복독서버스는 초등학교 및 중·고등학교의 도서반과 독서동아리 등 200개 팀을 지원함과 동시에, 전 학생을 대상으로 점차 확대 운영할 계획입니다.

좋은 책을 읽는다는 것은
과거의 가장 훌륭한 사람들과
대화하는 것이다.

−르네 데카르트(René Descartes)

사회가 함께하는

학습공동체

행복교육은 학교와 교사들만의 책임이 아니다. 교육의 기본은 사회가 필요로 하는 인재를 키우는 것이기 때문이다. 사회 전체가 학교가 되어야 한다. '어디나 학교, 누구나 선생님', 즉 사회 전체가 동참하는 교육. 이것이 행복교육의 완성이다.

학교 담장을 넘어
또 다른 학교 찾기

"사람들은 왜 서울대를 가고 싶어 할까?"

서울대학교 김홍종 교수의 'Why?'라는 강연의 시작은 이 질문이었다. 김 교수는 강연에서 '사람들은 왜 공부를 할까?', '대학생이 되면 무슨 공부를 어떻게 해야 하는 걸까?'라는 질문을 연거푸 던진다. 그리고 '설 립(立)'이 새겨진 단어 카드를 보여 주면서 그에 대한 답을 해 준다. 스스로 서는 것이 대학생활의 시작이라고 말하는 것이다.

조금은 철학적인 김 교수의 강연을 듣는 사람들은 다름 아닌 900여 명의 중고생들이었다. 서울시교육청과 서울대학교 간 학습공동체 MOU 체결에 따른 협력 사업인 '서울대학교 창의 탐방의 날' 행사에서의 강연이었다. 이날 서울대 창의 탐방 행사에는 강연만 있었던 것이 아니다. 스트리트 댄스 동아리 HIS의 춤 공연과 서울 음대 재학생들의 성악중창 공연 등 다양한 프로그램이 진행되었다. 서울대 학생들의 현재 모습을 있는 그대로 보여 주는 것에 초점을 맞춘 행사였다. 서울대 탐방에 참여했던 학생들은 우리나라 최고의 대학이라는 서울대를 온몸으로 느낄 수 있는 체험의 기회를 얻은 것이다.

'서울대학교 창의 탐방의 날' 행사는 서울대학교가 학습공동체로 첫 발을 내딛는 행사라는 점에 의의를 더한다. 서울대학교는 학습공동체로서 다음 세 가지의 역할을 수행한다. 첫째, 진로 및 창의적 체험교육 활동의 성공적 정착을 위해 교육·문화·예술 등 분야별 인적·물적 자원 및 프로그램을 제공한다. 둘째, 서울 학생들의 학습 의욕 신장을 위한 학교 탐방 프로그램을 운영한다. 셋째, 소외 학생, 학습부진학생, 이공계 인재 등을 위한 대학생 멘토링을 운영한다. 즉, 단순한 서울대학교 탐방에 머무르는 것이 아니라 지역사회의 학습과 학생을 위한 학습공동체로서의 총체적 역할 수행이 목적인 것이다.

지역사회의 교육 자원이 하나가 되는 학습공동체

진로 체험과 독

서교육, 인성교육 등을 골자로 하는 행복교육은 앞서 말한 것처럼 학교 울타리 안에서만 이루어질 수는 없다. 아무리 체험 중심의 수업을 운영한다고 해도 학생들이 꿈과 끼를 펼치기에는 여러 가지 여건상 전폭적으로 수용할 수 없기 때문이다. 이런 한계를 극복하고 학생들이 자신의 끼와 꿈을 마음껏 체험하고 펼칠 수 있는 기회를 제공하기 위해 필요한 제도가 바로 '학습공동체'이다.

서울이 대한민국을 대표하는 도시이니만큼 서울 안에서 학교와 유기적인 관계를 맺을 수 있는 기관과 학습공동체를 조성한다면, 이것이 좋은 사례가 되어 대한민국 전역으로 퍼져 나갈 수 있을 것이다.

한국의 수도인 서울은 교육 활동에 이용할 수 있는 교육 시설 및 유관 기관의 프로그램이 비교적 많다. 이러한 시설과 프로그램을 학교교육과 연결하여 교육 네트워크를 구성하는 것이 서울학습공동체의 목적이다. 서울학습공동체는 진로 체험, 창의 체험, 독서교육, 평생교육, 교육복지 등의 5대 네트워크로 분류된다(274쪽 그림 참조).

이러한 학습공동체 네트워크가 제 역할을 하려면 기업, 공공기관, 대학, 문화예술기관 단체 및 연구소 등의 실질적 참여가 필요하다. 즉, 사회 전 분야에 걸친 참여가 필요하다는 것이다.

참여하는 대상처는 기관이나 기업의 크기에 준하지 않는다.

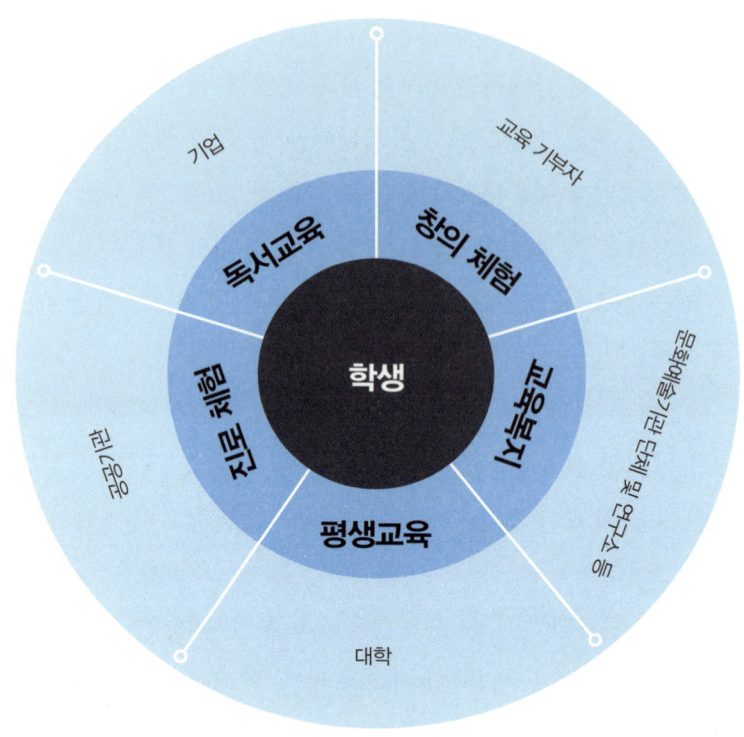

서울학습공동체

작은 규모라도 학생들의 학습 자원이 될 수 있다면 적극적으로 발굴해야 한다. 중요한 것은 규모의 크기가 아니라 학생들이 체험할 수 있는 범위이기 때문이다. 2013년 현재 기업을 비롯한 방송, 문화 단체에 이르기까지 160여 개의 기관과 업무 협약 체결을 통한 학습공동체 네트워크가 구축된 상태이다. 학생들은 각 기관이나 기업에서 운영하는 인성교육이나 문화예술 프로그램에 참여할 수 있으며, 사업장을 개방하는 기업을 대상으로 직업 체험을 할 수 있다.

학습공동체의 완성, 교육 기부

학습공동체의 교육 효과는 매우 크다. 학교교육만으로 계발되지 못했던 아이들의 잠재력이 학습공동체 안에서 빛을 발한다. 특히 창의력 신장에 있어서 학습공동체의 역할이 매우 크며, 이러한 창의 체험을 위해서는 기업이나 기관은 물론 개개인의 교육 기부가 절대적으로 필요하다. 개개인이 교육 기부를 통해 자신이 가지고 있는 역량을 학생들에게 전할 때 교육의 다양성이 확보됨은 물론 학생들이 체험할 수 있는 기회가 많아지기 때문이다. 현재 '서울교육기부천사'로 불리는 교육 기부자는 문학 분야 532명, 미술 분야 584명 등 전체적으로 5,000명을 넘어섰다. 하지만 아직은 시작인 상태로 추후 문화예술 및 창의 체험 교육 확대를 위해 교육 기부 사업을 더욱 확장할 필요가 있다.

교육 기부를 통해 학생들은 학교에서 운영하는 체험 프로그램보다 다양한 프로그램을 접할 수 있다. 교육 기부 프로그램 사례로는 개개인의 교육 기부자와 전문 교육기부기관(한국과학창의재단)과 협력하여 운영하고 있는 방과후 프로그램, 토요 프로그램, 여름방학 프로그램 등을 들 수 있다.

[교육 기부 프로그램 운영 예시]

▶여름방학 쏙쏙 캠프 : 총 35개 동아리(대학생 542명) / 초·중등교 33개교(1,602명)

▶방과 후 알락달락 프로그램 : 총 8개 동아리(대학생 65명) / 초·중등교 7개교(266명)

▶토요 프로그램 함성소리 : 총 91개 동아리 (대학생 746명) / 초·중등교 76개교(1,523명)

또한 교육기부 모델학교를 통해 단위 학교에 대한 교육기부 문화를 정착하고자 노력하고 있으며, 교육기부협의체를 구축·운영하여 개인, 공공기관, 기업, 단체 등 유관 기관의 교육 환원 지원에 활용하고 있다.

[교육 기부 활동 내역]

▶교육기부 모델학교 : 총 6개교(초등학교 3개교, 중학교 1개교, 고등학교 2개교)

▶교육기부협의체 : 본청 1개, 지역교육청 11개, 총 110여 명

최근 교육 기부가 활성화되고 있는 것은 사실이지만 더 많은 교육 기부자가 필요하다. 하나의 교육이 완성되려면 수많은 과정, 시간, 인적 자원이 필요하다. 체험 중심의 교육에서는 특히 그러하다. 또한 행복교육은 학교와 교사가 책임질 수 있는 성질의 것이 아니다. 교육은 결국 사회가 필요로 하는 사회 구성원을 키우는 것을 목적으로 한다는 것으로 볼 때, 학생들을 현대 사회에서 원하는 인재로 키우려면 학교를 넘어 사회 전체가 학교가 되어야 한다. 즉, '어디나 학교, 누구나 선생님'이 되어야 행복교육이 성립하는 것이다.

학부모 참여로
행복교육이 완성된다

　2013년 5월 30일 서울 대영초등학교 강당에서 특별한 스토리텔링 공연이 있었다. 1~2학년 학생을 대상으로 펼쳐진 이 공연은 학부모 독서교육 동아리 '꿈트리맘'이 만든 〈제가 잡아먹어도 될까요?〉라는 스토리텔링 공연이다.
　'꿈트리맘'은 대영초등학교 23명의 엄마들이 참여한 동아리로 결성된 지 어느덧 7년이 흘렀다. 엄마들이 '꿈트리맘'을 만든 것은 아이들에게 책을 읽어주기 위해서였다. 대영초등학교는 문화 혜택으로부터 소외된 학생이 많은 학교이다. 이에 엄마들은 아이들에게 '독서'라는 문화 혜택을 주기 위해 일주일에 한 번, 하루 30분씩 아이들에게 책을 읽어주기 시작했다. 처음에는 단순히 '책을 읽어주는 엄마들의 모임'이었던 것이 재능 기부를 통해 자기 계발의 필요성을 느꼈고, 이에 스터디 조직으로 확대되어 오늘날의 독서동아리로 성장하게 되었다.

이후 '꿈트리맘'의 핵심 활동은 스토리텔링 공연이 되었다. 스토리텔링 프로그램이 아이들의 독서 동기를 키워 주고 나아가 상상력도 신장시킨다는 것이 참여 엄마들의 의견이다. 이러한 엄마들의 노력이 결실을 맺어 대영초등학교는 2012년 서울시교육청 독서교육 대상을 수상했다.

하지만 '꿈트리맘'의 학부모 참여 교육이 가져온 변화는 단순히 학생들의 독서 동기 강화에 머무르지 않는다. '꿈트리맘'에 참여한 부모들은 다음 몇 가지를 강조한다.

[서울 대영초등학교 학부모 참여교육이 만들어 낸 변화]
- ▶학부모들은 자신감과 교육 기부, 봉사 활동이라는 만족감을 느낌
- ▶마을에 면학 분위기가 조성되고 자생적 스터디 그룹이 생겨남
- ▶엄마를 바라보는 자녀들의 태도가 달라짐
- ▶가족이 시간을 함께 보내며 가족애가 두터워짐
- ▶학부모들은 함께 평생교육을 즐기게 됨
- ▶학교 평생교육은 지역사회에 도시 공동체 문화를 만듦
- ▶평생교육 활성화를 위해 이웃학교와 공조가 잘 이루어짐

▶학교와 학부모 간의 벽이 낮아지고 소통이 강화됨
▶직장인들이 평생학습 야간강좌 개설을 요구하는 등 평생교육에 대한 요구가 늘어남

출처 : 〈책 읽어주는 23명의 엄마들〉, 《월간서울교육》, pp. 16~19, 2013. 9.

학습공동체의 완성, 학부모 참여

학부모들의 교육 기부가 학교와 학부모 사이의 벽을 허물었고, 스스로 학생들을 가르치는 행동이 자기계발로 이어졌다. 한 가지 주목할 점은 학부모들이 자기계발을 하는 과정에서 본인 스스로 평생교육에 대한 욕구가 증대되었다는 것이다. 처음에는 학생들을 위한 봉사로 시작했는데, 스스로의 삶의 만족도를 높이는 것은 물론 지역사회의 변화로까지 확장된 것이다.

학부모의 교육 참여가 학생은 물론 참여 부모, 학교의 문화를 바꾼 사례는 많다. 서울 경일초등학교에서는 '나는 책 아빠다'라는 야간 도서관을 운영한다. 아빠들이 소개해 주고 싶은 책을 직접 골라 다른 아빠들과 아이들 앞에서 읽어주는 프로그램이다. 이 프로그램에 참여한 아빠들은 아이들에게 독서하는 습관을 길러 준 것은 물론, 여러 사람 앞에서 책을 읽는 행동으로 인해 본인 스스로 자신감을 갖는 부대적인 효과를 얻을 수 있었다

고 입을 모은다. 이 프로그램이 불러온 예기치 못한 효과는 또 있다. 아이와 아빠 간의 이해도가 높아졌다는 것이다. 프로그램에 참여하기 전에는 말 한마디 나누지 않던 아이들이 어느새 아빠와의 대화에 적극적으로 나서게 되었다고 한다. 이렇듯 학부모의 교육 참여는 학교와 학부모 사이의 벽을 허물고, 부모와 자녀 간의 친밀도를 높이는 효과를 준다.

이러한 사실을 바탕으로 학부모의 교육 참여를 보다 활성화하기 위해 여러 가지 정책이 필요하다. 우선 학부모교육, 교육정보 제공, 상담 등 학부모 활동을 돕기 위한 종합적인 지원이 필요하고, 이와 함께 학부모가 함께하는 교육 참여문화를 조성하며, 단위 학교를 기반으로 전체 학부모가 함께하는 실천적 협력 체제를 구축할 필요가 있다.

학습공동체가 활성화되려면 가정·학교·지역사회가 함께하는 유기적인 협력이 필요하다. 특히 학부모의 교육 참여는 가정의 교육 기능을 강화하고, 자녀교육 역량을 키울 수 있다는 장점이 있다. 또한 학부모와 학교 간의 소통을 강화하여 행복교육의 파트너십을 보다 깊게 할 수도 있다. 즉, 학부모의 교육 참여가 활발하게 운영될 때 학부모·학교·지역사회가 함께하는 학습공동체 문화가 완성된다고 할 수 있다. 부모가 교육의 조력자로 적극적으로 나설 때, 비로소 행복교육이 완성되는 것이다.

무엇이든 물어보세요
교육복지 및 학습공동체에 대하여

Q1. [무상급식]

서울시와 서울시교육청이 무상급식 예산을 놓고 합의가 이루어지지 않고 있다는 보도가 나오기도 했습니다. 무상급식, 어떻게 진행되고 있습니까?

2010년 무상급식에 관한 협의 시, 재원은 기관이 분담하기로 하였습니다. 교육청은 식품비, 운영비, 인건비 등 급식경비 총액을 분담해야 한다는 입장이지만, 서울시와 자치구는 2011년 무상급식 실시 당시 학부모 부담 경비에 한해 분담하겠다는 입장입니다. 즉, 초등학교 조리 종사원 인건비는 제외해야 한다는 것입니다. 초등학교 조리 종사원의 인건비는 연간 400억 원입니다.

2014년 중학교 3학년까지 확대하기로 큰 틀에서 서울시, 자치구와 합의했으나, 여전히 공립초 조리 종사원 인건비에 대해서는 합의점을 찾지 못한 실정입니다. 하지만 지속적인 3자 협의를 통해 2014년부터 친환경 무상급식이 중학교 전 학년으로 확대 실시됩니다. 또한 급식의 질을 유지하기 위해 급식 단가도 인상됩니다. 초등학교의 경우 종전 1인 기준 2,880원이었던 급식단가가 3,110원으로 8퍼센트 오르고, 중학교의 경우 종전에 3,840원이었던 급식 단가가 4,100원으로 6.8퍼센트 인상됩니다.

Q2. [특수 계층 교육]
행복교육은 누구나 행복해질 수 있는 교육이어야 합니다. 하지만 우리나라의 경우 장애인과 다문화가정 자녀 등 소수 특수 계층에 대한 교육이 제대로 이루어지지 않고 있습니다. 교육 기회를 평등하게 제공하려면 소수 계층의 교육도 변화가 필요한 것 같습니다. 그에 대한 방안이 있습니까?

대한민국에서 살고 있는 모든 청소년은 가정환경이나 개인적인 문제로 인해 교육에 대한 기회가 제한되어선 안 됩니다. 이에 따라 특수교육 대상자나 다문화가정 자녀, 저소득층 자녀 등 특별배려대상 학생을 위한 지원에도 관심을 기울이고 있습니다.

장애학생의 경우 학생의 인권을 보호하고 안전한 학교생활을 영위할 수 있도록 '특수교육현장지원단'과 11개의 상설 모니터단을 신설하여 운영하고 있습니다. 또한 이들의 학습권 보호를 위해 특수학교 2곳을 신설하였습니다. 특히 특수학교에서는 졸업 후 장애학생의 진로와 직업을 가질 수 있는 교육을 진행하여 사회 구성원으로 성장할 수 있는 기반을 만들어 줄 계획입니다. 하지만 이런 제도가 정착되려면 사회적인 협조가 따라야 합니다. 지금은 많이 좋아졌다고 해도, 다문화가정의 아이 등 사회적 약자에 속하는 아이들에 대한 주변의 배려가 여전히 부족합니다. 비단 제도적 차원의 평등이 아니라 정서적 평등이 이루어지도록 학교에서 특히 관심을 기울여야 한다고 봅니다.

Q3. [대안학교]
입시나 학교 폭력에 시달리는 아이들이 늘면서 대안학교가 하나의 방편으로 인식되고 있습니다. 하지만 부모 입장에서는 대안학교에 아이를 보내기가 불안합니다. 대안학교에 대한 지원책이 있는지, 앞으로 어떻게 운영될지 궁금합니다.

지금까지 많은 학교를 방문하며 현장의 소리에 귀를 기울였습니다. 교사와 학부모, 학생들과의 소통을 위해 수시로 간담회도 열었습니다. 교육 현장에 있는 분들이 얼마나 많은 노력을 기울이고 있는지, 학부모와 교사들의 고충이 얼마나 큰지 알 수 있었습니다. 그분들의 노력에 마음이 설레는 한편, 한편으로는 전폭적으로 지원할 수 없는 현실적 장벽에 마음이 아프기도 했습니다. 그 가운데 특히 신경 쓰인 것이 바로 대안학교입니다.

얼마 전에 중학교 대안학교인 한산미래학교와 고등학교 대안학교인 꿈타래학교를 방문한 적이 있습니다. 서울시교육청에 1,340여 개의 초중고가 소속되어 있는데, 공립 대안학교는 이 두 학교뿐입니다. 두 곳뿐인 공립 대안학교이지만 지원이 충분하지 않고 행정적 토대 역시 마련되어 있지 않습니다.

1,340여 개나 되는 학교를 어떻게 지원하고 끌어갈까 생각하다 보니, 독특한 개성을 지닌 탓에 일반학교에 적응 못하는 아이들에 대해서는 많이 생각지 못한 것이지요. 이에 대한 방안으로 '학교 밖 청소년지원팀'을 신설하였습니다. 학교 밖 청소년들을 지원하기 위한 것으로 학교 제도권 밖에 있는 학생들에게 기회를 주고 또 다른 길을 개척하려는 노력의 일환이었습니다.

이런 팀이 만들어졌다고 하루아침에 무언가 달라지거나 성과가 나오지는 않을 것입니다. 하지만 정규 제도권 밖의 아이들에게도 관심을 갖고 지원을 확충할 계획입니다. 공립형 대안학교에 대한 지원도 그중 하나가 될 것입니다. 지금의 대안학교는 학교에 적응하지 못해 도태된 아이들이 차선책으로 택하는 곳이라는 인식이 강하지만, 여러 가지 지원과 정책이 체계화된다면, 다양한 진로 선택의 장이 될 것이라 생각합니다.

Q4. [학교 폭력]

최근 들어 학원 폭력에 대한 문제점이 대두되고 있습니다. 학부모도 학원 폭력에 대해 불안한 마음을 가지고 있습니다. 학원 폭력에 대한 해결 방안이 있을까요?

학교 폭력이 일어나는 것은 학생들이 공부에 대한 의지와 비전이 낮고, 학교생활을 통해 정신적·심리적 스트레스를 받는 것이 큰 원인이라고 생각합니다. 이를 극복하기 위해 학교는 진로 탐색을 통해 학생들에게 미래에 대한 비전을 제시하고, 공부하는 방법을 가르쳐 주며, 생명 존중(자살 예방)과 어려운 역경을 이겨내는 방법 등을 알려 주고, 지속적인 학생 상담 활동을 통해 학생들의 자존감을 높여 주는 교육이 이루어져야 합니다.

또한 학교 폭력을 근절하기 위한 제도의 마련도 시급합니다. 첫째, 학교 부적응 및 학업 중단 위기에 놓인 학생들을 위한 관리가 필요합니다. 그래서 첫 번째로 실시한 것이 위기 학생에 대한 종합적이고 체계적인 안정망을 구축한 것입니다. 이제까지 원활하게 이루어지지 않던 서울시교육청 본청과 지역청의 위기 학생 지원사업을 일원화시켰으며, 위기 상황에 즉각적인 개입이 가능한 학교와 서울시교육청 센터 간의 원스톱 핫라인(Hot line)을 운영하고 있습니다. 다음으로 실시한 것이 16개 지역에 있는 위(Wee) 센터를 통합적·체계적으로 관리하는 것이었습니다.

하지만 아직 안전한 학교를 만드는 데에는 부족한 부분이 많습니다. 그래서 안전한 학교를 만들기 위한 지역협의체를 구성했습니다. 자치구와 정신건강증진센터, 건강가정지원센터, 사회복지관, 서울지방경찰청 등 지역사회와 연계하여 학교의 안전을 확보하고자 했으며, 이러한 지역사회와 기관의 연계는 지속적으로 확대 운영할 계획입니다.

학생들이 안전에 대한 불안감 때문에 학교 가는 것을 기피하는 일은 없어야 합니다. 앞으로도 최선을 다해 학생과 교사, 학부모 모두 안심할 수 있는 학교문화를 정착시킬 것입니다.

Q5. [사교육 문제]

학부모들이 가장 부담스러워하는 것이 바로 사교육 문제입니다. 남들이 모두 사교육을 하니 빚을 내가며 사교육을 시키는 가정도 많습니다. 사교육 문제에 대한 해결책은 무엇입니까?

사교육에는 두 가지 형태가 존재합니다. 하나는 불법 고액 과외 같은 불법적인 사교육이고, 두 번째는 선행학습이나 성적 강화를 위해 운영되는 보습학원 등의 사교육입니다. 사실 우리나라 교육을 가장 어지럽히는 것이 제도권 밖에서 이루어지는 사교육입니다. 고액 과외의 경우 학생 간의 학습 불균형을 넘어 사회계층 간의 불균형까지 초래하고 있습니다. 즉, 고액 과외를 못 받는 아이나 가정이 상대적 박탈감을 갖게 되는 것이지요. 그렇기 때문에 비합법적인 학원이나 사교육은 철저히 감독해야 합니다.

그리고 제도권 안에 들어와 있는 사교육, 즉 학원은 학교교육과 보완을 이루도록 유도해 나가야 합니다. 예를 들어 선행학습 같은 경우 공교육을 어렵게 만드는 요인 중 하나입니다. 이미 몇 학년 위의 수업을 미리 들은 아이들은 학교에서 똑같은 내용의 수업을 들으려 하지 않습니다. 자연히 집중력이 떨어지지요. 이런 이유로 사교육이 선행학습의 도구가 되어서는 안 됩니다. 올바른 사교육은 아이가 어느 한 분야에 특출한 재능이 있거나 유독 어떤 것을 배우려는 의지가 강할 때 학교에서 못하는 교육을 보완하는 수단이어야 합니다.

이러한 사교육 문제를 해결하는 가장 좋은 방법은 공교육 내에서 사교육의 역할을 수행하는 것입니다. 그 대표적인 것이 바로 방과후학교입니다. 방과후학교 운영의 내실화를 통해 사교육비 경감의 효과를 얻을 수 있습니다. 그렇게 되려면 방과후학교에 대한 질적 향상이 필요합니다.

방과후학교의 질적 수준은 단위 학교만으로는 이루어질 수 없습니다. 한정된 교원으로 정규 시간 외에 방과후학교까지 수업을 진행할 경우 교육의 질이 향상되기 어렵습니다. 이러한 문제를 해결하기 위해 민간 위탁을 통한 운영 확대를 추진 중에 있습니다.

또한 방과후학교 지원센터를 운영함으로써 학생이 능동적으로 학습할 수 있는 자기주도학습을 강화할 계획입니다. 현재 방과후학교 홈페이지(http://www.afterschool.sen.go.kr)를 운영하고 있으며, 콜센터를 활용한 방과후학교 오프라인 지원도 실시하고 있습니다.

공교육에서 모든 부분이 채워지면 구태여 사교육에 투자할 학부모는 없습니다. 또한 학생들이 학교교육만 받아도 학습 능력이 떨어지지 않는다면 학교를 마치고 밤늦게 학원으로 향하는 피곤한 삶에서 벗어날 수 있습니다. 앞으로는 방과후학교 등 사교육 없이도 충분히 교육받을 수 있는 환경을 조성할 계획입니다.

Q6. [영유아 교육]

누리과정의 실행으로 인해 영유아 교육의 중요성이 인식되고 있습니다. 영유아 교육에 대한 확대나 강화할 정책이 있다면 소개해 주세요.

2012년부터 누리과정이 전면적으로 시행됨에 따라 체계적이고 효율적인 관리 체계가 필요한 상황입니다. 누리과정은 우리나라 만 3~5세 어린이에게 꿈과 희망을 누릴 수 있도록 국가가 공정한 보육 및 교육의 기회를 제공하는 제도입니다. 누리과정을 통해 어린이집이나 유치원 어느 기관을 다녀도 공통의 보육·교육 과정을 제공받을 수 있습니다. 교육과정은 어린이집, 유치원에 다니는 만 3~5세 모든 영유아에게 초등학교 교육과정과 0~2세 표준보육과정의 연계성을 고려하여 신체운동, 건강, 의사소통, 사회관계, 자연탐구 5개 영역으로 구성된 교육과정을 제공하고 있습니다.

이전까지는 교육청의 유아교육 관련 업무가 분산되어 있어서 학부모들의 요구에 부응하지 못했던 것이 사실입니다. 서울시교육청에서는 체계적인 유아교육 관리와 지원을 위해 유아교육과를 신설하여 유아교육 발전의 기틀을 마련하였습니다. 이를 통해 교육과정 및 방과후 과정, 예산 지원 등에 대한 체계적인 지도 및 감독을 통해 유치원 교육과정 운영 내실화를 꾀하고 있습니다.

체계적인 지도 및 감독을 통해 급식이나 학대, 횡령 등의 문제가 발생되고 있는 어린이집에 대한 문제점을 해소할 수 있으며, 다양한 연수를 통해 유치원 교육의 질을 향상시킬 수 있습니다. 또한 2014년에는 총 21개의 공립 유치원을 개설할 계획입니다 (단설 유치원 4개원, 병설유치원 17개원).

영유아 교육은 교육의 기틀을 마련하는 중요한 교육과정입니다. 유아교육이 제대로 이루어져야 초등학고, 중학교, 고등학교까지 이어지는 교육이 가능해집니다.

 따라서 앞으로 유아교육에 더 많이 지원하고 좋은 정책을 수립하도록 하겠습니다.

학교는 학생들에게 행복한 배움터이다. 하지만 교사가 불행하면 학생들은 행복한 배움터를 잃게 된다. 아이들이 행복한 교육을 받을 수 있는 학습권은 교사의 권위와 보람이 보장되는 교육권과 함께 성장하기 때문이다.
학습권과 교권이 조화를 이룰 때 학교는 신나는 행복교육을 이룰 수 있다.

교사가 행복해야 학생도 행복하다

　누구보다도 다양한 체험과 교양이 필요한 것이 교사라는 직업인데, 20년 넘게 근무하면서도 문화, 여행, 스포츠 등의 지원이 거의 없었습니다. 다른 직장에 다니는 친구들이 티켓이 나와 콘서트에 간다고 할 때 그냥 부러운 눈초리로 감탄만 하고 있었지요. 이번 힐링 콘서트는 교사들을 상대로 처음 열린 것이어서 기대가 무척 컸습니다. 당첨되었다고 학교에서 축하도 많이 받았고요. 전 김동규 님이 그렇게 유머러스하게 사회를 볼 줄 몰랐습니다. 열정 넘치는 류정필 님의 목소리와 귀부인의 품위를 자랑하는 이수연 님의 소프라노는 일에 쫓겨 마음 구석으로 몰아냈던 '감성'과 '여유'란 녀석들을 데려오더군요. 편안하고 대중적인 곡으로 구성되어 있으면서도 품격이 떨어지지 않아 당첨된 행운이 더욱 크게 느껴졌습니다. 음악을 좋아하는 언니와 함께 갔는데, '나도 교사할걸……' 하는 소리에 마음이 풀어지더군요. 감사합니다.

출처 : 백O순 (http://concert.sen.go.kr/board/review/)

2013년 스승의 날 기념으로 개최되었던 '힐링 콘서트'를 관람한 한 교사의 후기는 내게 많은 생각을 불러일으켰다. 이렇게 작은 콘서트 하나로 교사로 사는 것이 행복하다는 교사에게 감사의 마음이 드는 한편, 그동안 교사들을 위한 작은 콘서트 하나 마련하지 못한 교원복지에 대해 안타까운 심정이었다.

2012년 1월 교과부가 진로진학 상담교사가 배치된 고교의 학생과 학부모 4,000여 명을 대상으로 직업 선호도를 조사한 결과, 선호하는 직업 1위로 교사가 꼽혔다. 반면 교원총연합회가 교원을 대상으로 2009년부터 2011년까지 조사한 결과, 교원의 직업 만족도는 현저히 떨어지는 것으로 나타났다. '본인 또는 동료교사들의 교직에 대한 만족 및 사기가 최근 1~2년간 어떻게 변화되었다고 생각하느냐'는 질문에 '떨어졌다'는 응답이 2009년 55.4퍼센트, 2010년 63.4퍼센트, 2011년 79.5퍼센트로, 교직생활에 대한 불만도가 계속 증가하고 있음을 알 수 있다.

교사들이 불행한 한국의 교육문화

　　　　　　　　　　　　실제로 OECD 가입국 및 협력국을 대상으로 진행되었던 교수-학습 국제조사인 'TALIS 2008(Teaching and Learning International Survey 2008)'에서 우리나라 교사의 자기 효능감은 23개국 중 최하위였다(아래 그림 참조).

　한국교원대학교 김갑성 교수는 우리나라 교사들이 자기 효능감과 직업 만족도가 낮은 이유에 대해 다음의 몇 가지를 꼽았다. 첫째, 학교와 사회가 교사에게 너무 많은 책임과 업무를 맡기고 있다. 교사는 수업 전문가이다. 하지만 한국의 교사들은 수업지

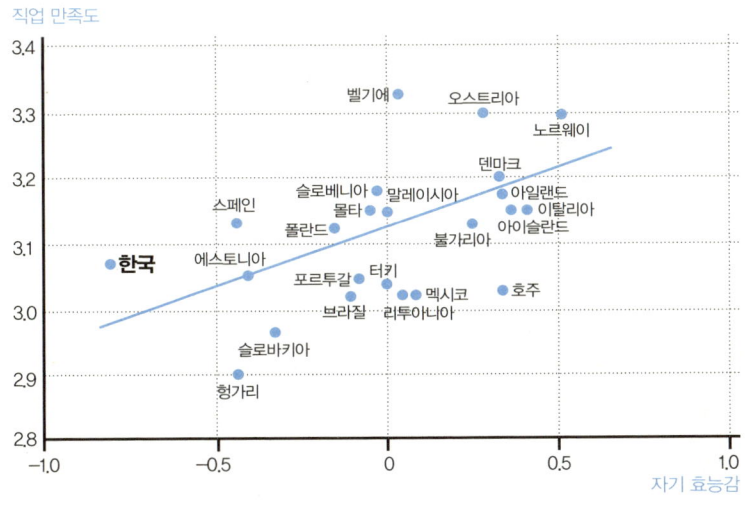

교사의 자기 효능감과 직업 만족도에 대한 국가별 평균

도 이 외에 학생지도, 행정 업무, 심지어 학교 회계직원 관리까지 맡고 있는 실정이다. 둘째, 교사에 대한 신임도가 예전보다 떨어졌다. 특히 학생과 학부모의 교사 신임도 하락은 교사들의 직업적 회의감으로 연결된다. 셋째, 관료적인 학교문화로 인한 자율권 부재가 효능감을 떨어뜨린다. 넷째, 유난히 발달한 사교육 시장으로 인해 교사의 역할이 점점 약화되고 있다. 학부모가 학교교육보다 사교육에 더 많은 관심과 투자를 하고 있어 상대적으로 학교교육에 대한 관심도가 떨어졌으며, 이는 교사에 대한 신뢰도 하락으로 이어졌다.

이렇듯 복합적인 이유로 인해 교사의 직업 만족도와 자기 효능감이 떨어지고 있는 실정이다. 교사들의 자기 효능감 저하는 업무에 대한 무기력증으로 이어지고, 업무에 대한 무기력은 학생들의 교육과 직결된다. 교사가 불행하면 학생 역시 행복할 수 없다. 행복교육은 교사와 학생이 상호보완의 관계에 놓여야만 가능하기 때문이다. 따라서 행복교육이 제대로 구현되려면 교사의 만족도와 자기 효능감을 높여 주어야 한다.

그렇다면 교사들의 자기 효능감을 높일 수 있는 방법으로 무엇이 있을까? 김갑성 교수는 그 방법으로 다음의 네 가지를 꼽았다. 첫째, 날로 떨어지고 있는 교사의 권위와 영향력을 높여야 한다. 둘째, 교사들이 자신의 관심 분야를 지속적으로 계발할 수 있도록 지원해야 한다. 셋째, 교사들의 전문성 신장을 위한 프로그램 개발이 필요하다. 넷째, 교사가 본연의 업무를 수행할 수 있도록 기타 행정 업무를 줄여 주어야 한다.

사실 이 네 가지 방법은 유기적인 관계에 있다. 교사가 전문성을 강화하고 자기 계발을 하려면 먼저 행정 업무가 줄어야 한다. 이에 따라 교사의 전문성이 강화되면 수업의 질 역시 향상되어 교사의 권위와 영향력은 자연스럽게 높아질 것이다.

교사와 학생이 모두 행복해야 한다

서울시교육청에서는 이러한 교사들의 직업 만족도와 자기 효능감 하락에 대한 문제점을 인식하고, 다음과 같은 개선 방향을 세웠다. 첫째, 교사가 스스로 자기 효능감을 회복할 수 있는 제도적 지원이 필요하다. 둘째, 학생의 학습권과 교사의 교육권이 함께 존중받아야 한다. 셋째, 학생은 교사를 존경하고, 교사는 학생을 존중하는 학교문화가 조성되어야 한다. 이런 기본 방향을 중심으로 추진하고 있는 정책은 다음과 같다.

1. 존중과 배려의 학교문화 조성
2. 교원의 전문성 향상 지원 및 자부심 증진 프로젝트 운영

존중과 배려의 학교문화 조성은 교사의 교육권과 학생의 학습권을 함께 존중하고 서로를 배려하는 학교를 만드는 것이다. 교사와 학생의 관계가 가르치고, 배우는 것에 머무르는 것이 아니라 함께하는 교육활동문화가 조성되어야 한다. 이를 위해 교사와 학생이 함께 동아리를 만들어 운영하는 것을 지원하고, 존중과 배려의 학교문화 조성을 위한 교원, 학생, 학부모를 대상으로 사이버 인권교육을 실시하는 등의 정책을 펼칠 예정이다.

교원의 전문성 향상 지원 및 자부심 증진 프로젝트는 교사의 전문성을 증진시킬 수 있도록 제도적 밑거름을 만들고, 자신이 전문성을 계발할 수 있도록 전시회 및 문예지 발간 등의 동기 부여를 제공한다. 또한 힐링 콘서트 등 일선 교사들이 보람을 가질 수 있는 프로그램을 개발, 운영하고 있다.

학교는 학생들에게 행복한 배움터여야 한다. 학생들이 행복한 학교생활을 누리려면 학생들을 올바른 길로 인도하는 교사들의 역할이 중요하다. 교사가 불행한 학교에서 행복한 학생이 나올 수 없기 때문이다. 즉, 학교는 학생들에게는 행복한 배움터이고 교사들에게는 즐거운 나눔터여야만 한다. 그렇기 때문에 교권을 보호하고, 교원 능력 개발을 통한 교사의 전문성을 높이고, 교사들의 긍지와 보람을 찾아주어야 한다. 그것이 결국 학생이 행복한 학교 생활을 할 수 있는 길이다.

교사에게 필요한 것은
전문성과 자부심이다

　일선 교사들이 행복한 교원 활동을 하려면 무엇보다 교사로서의 전문성을 키우고, 자부심을 증진해야 한다. 이를 위해 전문가로서의 자기 계발 기회를 제공하고, 적극적으로 지원할 필요가 있다. OECD의 교수-학습 국제조사인 'TALIS 2008' 결과 중 '중학교 교사의 전문성 계발에 대한 지원 유형'(300쪽 그림 참조)을 살펴보면 우리나라는 중학교 교사의 전문성 계발을 위한 지원이 다른 나라에 비해 부족함을 알 수 있다.
　즉, 우리나라 중학교 교사들은 자기 계발에 턱없이 부족한 시간을 할애할 수밖에 없다. 또한 자기 계발에 드는 비용도 본인이 직접 부담해야 하는 경우가 많다.

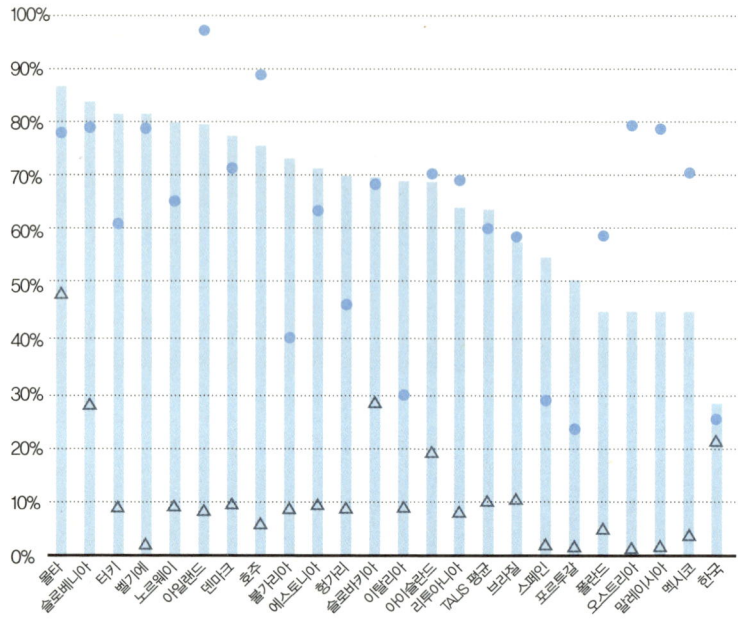

중학교 교사의 전문성 계발에 대한 지원 유형

학교가 전문적인 학습공동체가 되려면 교사들이 스스로 성장할 시간과 기회가 있어야 한다. 즉, 교사의 전문성을 키우려면 다양한 연수와 자기 계발 기회가 필요하며, 이를 위해 절대적인 시간이 필요하다. 말할 필요도 없이 여기에는 비용이 따른다. 현재 우리나라는 교사의 전문성을 신장할 기회가 적을 뿐 아니라 시간적 지원도 부족하다.

서울시교육청에서는 교원의 부담을 줄이고 자기 계발 기회를 위해 현재 '학습연구년제'를 실행하고 있다. 교직 경력 10년 이상자를 대상으로 하는 '학습연구년제'는 2013년에 30명 정도였고, 2014년에는 200명으로 대폭 늘어난다.

또한 교사들의 시간적 부담감을 줄여 주는 업무 효율화도 병행된다. 학교 업무를 '교육 활동, 교무행정 업무, 일반행정 업무'로 구분하여 교육 활동 중심으로 학교 업무를 개편할 예정이다. 이에 따라 그동안 행정 업무에 빼앗겼던 시간을 최소화하는 효과를 얻을 수 있을 것으로 예상된다. 물론 교사들의 처우 개선은 아직 미비하다. 하지만 이러한 작은 노력이 차후 보다 좋은 교육 환경으로 자리 잡게 될 것이고, 그에 따라 교사의 전문성 역시 강화될 것으로 기대한다.

교사의 자부심을 키워 주는 프로그램 운영

2013년 12월 14일부터 19일까지 한가람미술관에서 '2013 행복 담은 서울교원미술대전'이 개최되었다. 서울시교육청이 주최하고 서울초·중등미술교과교육연구회가 주관한 이 전시회에는 동·서양화, 조소, 공예, 서예 등 다양한 장르의 작품 324점이 전시되었다. 전시된 작품들은 서울초·중등미술교과교육연구회에 소속된 530여 명의 교사가 만든 작품이다. 또한 2013년 11월 8일에는 서울교원들의 음악축제가 열렸다.

　미술학도였던 미술 교사들이 꿈을 찾아 작품 활동을 시작하고, 음악 교사들은 과거의 연주 경험을 살려 다시 무대에 오르는 것, 이것이 바로 교사들의 자아 실현 장이다. 이렇듯 자아 실현을 이룰 기회를 찾은 교사들은 스스로에 대한 자긍심을 키울 수 있고, 이것이 기반이 되어 교사로서의 자부심도 증진된다.

　교사는 학생들의 숨겨진 끼를 찾아주는 역할을 수행한다. 하지만 단지 학생의 숨은 끼를 찾아주는 것에 그치지 않고 자기 자신의 꿈도 일구어야 한다. 자신의 끼를 발산하는 교사가 진정으로 학생들의 끼를 찾아주는 조력자가 될 수 있기 때문이다.

　2014년에는 서울교원 문예지 발간, 교원 미술대전 및 음악축제를 지속적으로 확산 개최할 예정이며, 또한 스승의 날 힐링 콘서트 및 서울 시민과 기관이 함께하는 스승의 날 행사를 기획 중이다. 이 외에도 '글로벌시대 나는 최고의 전문가'라는 프로그램이 기획 중인데, 이는 교사들이 자신들의 전문성을 살릴 수 있는 동아리를 운영하도록 지원하는 것이다.

　이러한 다양한 프로그램을 통해 교사들의 자긍심이 커진다면, 그 혜택은 고스란히 학생들에게 돌아갈 것이다. 교사로서, 한 개인으로서 자긍심을 갖는 교사가 그 자체로 학생들에게 좋은 본이 되는 것은 당연한 일이다. 또한 교사 스스로 행복하니 배움의 터전인 학교 역시 행복하게 바뀌지 않겠는가.

썸머힐(summer-hill) 학교를 창시한 영국의 교육자 A.S.닐(Alexander Sutherland Neill)은 가장 좋은 교사란 아이들과 함께 웃는 교사라고 했다. 아이들과 함께 진심으로 웃을 수 있는 교사야말로 행복교육에 꼭 필요한 교사임을 잊어서는 안 된다.

교사와 학생이
함께 가는 교육

 교육기본법이라는 것이 있다. 21세기가 요구하는 새로운 교육적 인간상을 구현하기 위해 우리나라의 학교교육 및 평생교육이 추구해야 할 기본적 방향, 필요한 제도의 핵심 사항을 명시하고 있는 법규이다. 이 교육기본법에는 다음과 같은 내용이 명시되어 있다.

 제12조(학습자) ③ 학생은 학습자로서의 윤리의식을 확립하고, 학교의 규칙을 준수하여야 하며, 교원의 교육·연구 활동을 방해하거나 학내의 질서를 문란하게 하여서는 아니된다.
 제13조(보호자) ① 부모 등 보호자는 보호하는 자녀 또는 아동이

바른 인성을 가지고 건강하게 성장하도록 교육할 권리와 책임을 가진다.
제14조(교원) ① 학교교육에서 교원(敎員)의 전문성은 존중되며, 교원의 경제적·사회적 지위는 우대되고 그 신분은 보장된다.

하지만 이와는 상반되게 교권 침해 사례가 날로 증가하는 추세이다. 학부모에 의한 폭언과 폭행은 물론이고 심지어 학생들로부터 폭력이 일어나기도 한다. 서울시교육청 소속 학교를 대상으로 조사한 결과 교권 침해 건수는 2009년 430건이었던 것이 2012년 1,782건으로 큰 폭으로 증가했음이 드러났다.

여기에는 이전의 잘못된 교권 남용 사례에 대한 반항 심리가

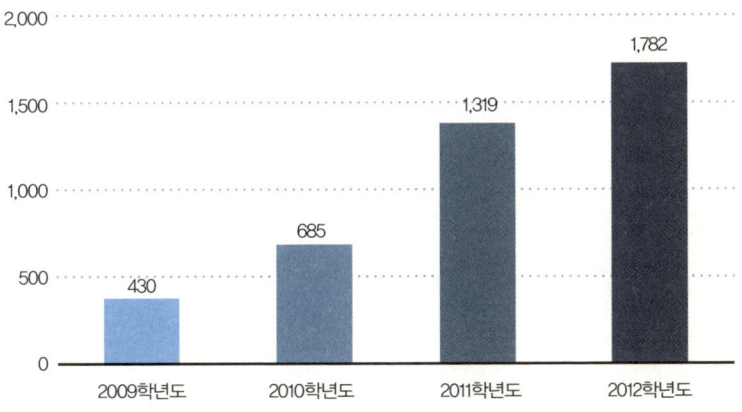

서울시교육청 소속 학교 교권 침해 현황

숨어 있다. 또한 엄연한 인격체인 학생들이 학교에서 정당하게 인권을 보장받아야 한다는 사회적 분위기도 한몫한다. 문제는 학생의 학습권과 교사의 교권이 어느 한쪽에 편중됨 없이 조화를 이루어야 한다는 데 있다. 정도를 넘어선 교권 침해와 이로 인한 교육 활동의 위축은 고스란히 학생들에게 영향을 미치게 된다. 무너진 교권은 결국 온전하지 못한 교육으로 이어지게 마련이다.

  이러한 교권 침해에 대한 대책으로 서울시교육청은 단위학교 교권보호위원회, 서울교육청 교권보호위원회, 서울시교육청 교권보호지원센터 등을 운영하고 있다. 단위학교 교권보호위원회는 교원의 교육 활동 보호를 통해 학생의 학습권을 보장하기 위한 기구로 교육 활동 침해를 예방하는 기능을 가지고 있다. 서울시교육청 교권보호위원회는 단위 학교에서 조정되지 못한 분쟁을 조정하는 등의 기능을 한다. 2013년 5월에 문을 연 서울시교육청 교권보호지원센터는 전용 전화를 통해 교권 침해 사안을 접수한 후 현장 조사를 통해 피해 교원에 대한 상담을 지원한다. 이런 여러 가지 정책은 교사가 교육 활동에 더욱 충실하되, 학생의 학습권과 교원의 교육권이 함께 조화를 이루는 것을 목적으로 한다.

교사와 학생이 함께하는 교육 활동의 중요성

교권 회복은 교사만을 위한 것이 아니다. 교권이 제대로 정립되어야만 학생의 학습권도 함께 지켜질 수 있다. 또한 교사의 교육권과 학생의 학습권이 함께 존중될 때 교사와 학생이 서로 존중하고 배려하는 풍토가 조성된다. 이른바 상생하는 학교문화를 만들기 위함이다.

서울시교육청에서는 교사와 학생이 함께하는 교육활동을 활성화하기 위해 비폭력평화학교 만들기 학습동아리 우수사례집을 제작·보급하였다. 또한 교사와 학생이 함께하는 동아리 활동 지원을 시행 중이다. 2013년 30개교 대상으로 시행된 동아리 활동 지원은 교사와 학생이 수업 외에 함께 체험하고 생각하고 활동하는 학습공동체의 기반이 되는 프로그램이다. 이 외에도 새로운 학교문화 조성을 위한 프로그램을 개발 운영 중이다. 새로운 학교문화 조성을 위한 활동은 다음과 같다.

[새로운 학교문화 조성을 위한 활동]

▶학교생활규칙 자율준수 풍토 조성을 위한 또래상담(527개교), 또래조정(5개교), 학생자치법정(147개교) 운영 지원

▶인권교육 전문 강사가 직접 '학교로 찾아가는 인권교실' 운영

▶존중과 배려의 학교문화 조성을 위한 교원, 학생, 학부모 대상 사이버 인권교육 실시

▶학생자치활동 우수 사례집 발간·보급

▶학교인권지표 및 지수를 개발하여 학교에 적용

▶학생과 교사, 학부모 인권교육자료 개발 및 보급

　이러한 활동은 교사와 학생, 학부모에게 인권교육을 통해 상호 존중과 배려를 일깨우는 것을 목표로 하고 있다. 아무리 법률로 정해졌다고 해도 사람들이 그 법을 따르지 않으면 그 법은 무용지물이다. 또한 강제적 제제 이전에 상호 존중하고 배려할 수 있는 교육 풍토가 조성되는 것이 더 중요하다.

무엇이든 물어보세요
올바른 교권에 대하여

Q1. [교 권 신 장 방 안]

교사가 행복하면 학생도 행복하다는 말이 있습니다. 하지만 예전과 달리 교권이나 교사의 위상이 많이 추락했습니다. 이에 대한 해결 방안은 무엇입니까?

교사가 행복하면 학생도 행복하고 학부모도 행복합니다. 그러나 현재 교권 약화에 대해 우려하는 사람이 많습니다. 교사는 교육권을 회복하여 학교 현장에서 의욕과 자신감을 가지고 학생들을 가르칠 때 행복할 수 있습니다. 이를 위해 서울시교육청에서는 여러 가지 제도를 추진하고 있습니다. 학교에서는 '학교교권보호위원회'를 구성하여 교육 활동 침해 학생에 대한 선도 및 교육적 지원, 교육 활동과 관련한 분쟁 조정 등의 역할을 하고 있고, 서울시교육청에 '서울특별시교권보호위원회'를 설치하여 교권과 관련한 분쟁을 조정하고 있으며, 교권보호를 위한 정책을 추진하고 있습니다.

또한 서울시교육청 교권보호지원센터를 열어 교권 침해 사안에 대한 고충 상담 및 법률 지원 등을 펼치고 있으며, 이와 함께 교권 보호를 위한 교원 연수 및 홍보, 피해 교원의 전보 등 보호조치, 교권 침해 등에 대한 조사 등을 추진하고 있습니다.

심각한 교권 침해 학생에 대해 특별교육, 심리검사, 심리치료 등을 지원하여 재발 방지에 노력하고 있으며, 피해 교원에 대해서도 심리검사 및 심리치료 지원을 통해 정상적인 교육 활동을 할 수 있도록 도움을 주고 있습니다. 이와 더불어 '학생의 학습권과 교사의 교육권을 함께 존중하는 행복한 교육 만들기' 계획을 수립하여 각 학교에 전달했습니다. 이 역시 교권 회복을 위한 일환이라 볼 수 있습니다.

이러한 노력은 교사와 학생이 서로 존중하여 학생과 교사가 모두 행복한 교실, 나아가 행복한 학교를 만들어 가기 위함입니다. 이것이 바로 행복교육의 출발이라고 생각합니다.

Q2. [학생의 인권 vs 교사의 인권]

'학생인권조례'로 학교가 어수선합니다. 학생인권조례에는 두발·복장의 개성을 허용하고, 체벌 금지, 휴대전화 소지 허용까지 조례에 담겨 있습니다. 상위기관인 교육부가 '초중등교육법 시행령'을 개정해 학교장이 자율적으로 결정할 수 있게 했지만, 학생들은 인권 침해라 주장하며 갈등을 빚고 있습니다. **학생의 인권이 우선인가요, 교사의 인권이 우선인가요?**

학생의 인권과 교사의 인권 모두 중요합니다. 하지만 학생인권조례는 '선언'되어야 하는 종류의 것이 아닙니다. 인권에 대한 선언은 이미 헌법에서 규정하고 있습니다. 또한 학생 인권에 국한되는 것이 아니라 학교 구성원 모두의 인권이 공동으로 잘 지켜져야 합니다. 예컨대 학생의 소지품을 인권 수준으로 이야기하면, 누구도 학생 호주머니를 뒤질 수 없습니다. 주머니에 담배나 흉기가 들어 있어도 학생인권조례에 따르면 소지품 검사를 할 수 없는 것이 현 교육계의 현실입니다.

그러나 학교 상황은 다르다고 봅니다. 충분히 의심할 상황이고 교육적으로 필요하다면 학생의 의사와 상관없이 소지품 조사도 할 수 있어야 합니다. 그것은 학생의 인권 침해가 아니라 인성을 키우기 위한 교육의 기본입니다. 실제로 영국에서는 2011년 7월 11일 학생에 대한 교사의 물리력 사용을 허용하는 새로운 훈육 지침을 공포했습니다. 즉, 학생에게 올바른 인성을 가르치기 위한 어느 정도의 훈육은 인정하는 것입니다.

요즘 학생들은 선생님 앞에서 인권조례집을 펴놓고 "몇 조 몇 항에 뭐가 있다."라며 따집니다. 그러니 대다수 선생님이 인성 지도를 포기합니다. 즉, 학생인권조례로 인해 올바른 인성교육이 이루어지지 않고 있는 것입니다.

공교육의 기본은 인성교육입니다. 학생의 인권과 함께 지켜져야 하는 것이 바로 인성교육입니다. 또한 올바른 인성교육은 교권회복에서 시작됩니다. 교권이 인정되어야만 교사들은 교육의 원칙을 지키며 학생들을 바른 길로 이끌 수 있습니다. 학생의 인권과 교사의 교권이 함께 존중되어야 인성교육을 제대로 실행할 수 있습니다.

Q3. [학생인권조례]
교권회복은 학생인권조례와는 상이한 내용을 담고 있습니다. 그렇다면 교권회복을 위해 학생인권조례를 수정할 계획이 있으신가요?

학생인권조례 5조에 이런 구절이 나옵니다.

"학생은 임신 출산 성적지향 등의 이유로 차별받지 않을 권리가 있다."

물론 맞는 말입니다. 하지만 학생을 대상으로 한 조례에 이런 식의 표현이 필요한가, 하는 입장에서 다시 한 번 생각해 봐야 합니다.

학생이 예기치 않은 임신이나 출산 등으로 차별을 받으면 안 됩니다. 하지만 그 이전에 선행되어야 할 것이 임신과 출산에 대한 바른 교육입니다. 교육을 통해 학창 시절의 임신, 출산이 신체적으로나 정서적으로 자신에게 바람직하지 않다는 것을 일깨워 줘야 합니다.

임신이나 출산 때문에 아이들이 차별을 받아서는 안 된다는 것은 결과론적 입장의 대책에 불과합니다. 아이에게 나쁜 결과가 나오지 않도록 미리 예방하고 돕는 것이 교육의 본질이 아닐까요? 이런 문제는 학생의 보호를 위해 사회적 합의를 이끌어 내야 할 문제이지, 학생의 권리로 정의될 문제가 아닙니다. 여타의 나라에서는 이를 두고 학생들의 권리가 아니라, 이런 문제가 발생했을 때 차별을 해서는 안 된다는 교사의 '교육 지침'으로 명시하고 있습니다.

대부분의 사람들은 학생인권조례에 대해 '체벌 금지' 항목만 떠올립니다. 그리고 사례로 가혹한 체벌의 부작용만 강조합니다. 하지만 체벌은 학생인권조례를 떠나 법으로도 금지하고 있습니다. '초중등교육법 시행령'에도 금지되어 있습니다. 즉, 이미 상위법으로 금지되어 있는 이 항목을 굳이 조례로 만들 필요는 없다고 봅니다.

학생인권조례의 이런 문제가 인성교육의 부재로 이어지고 있으며, 학생들에게 더욱 나쁜 결과로 이어집니다. 학생들의 잘못된 행동을 바로잡아 줄 사람이 없으니, 학생들의 행동이 더욱 안 좋게 변화하게 되는 것입니다. 그 결과 오히려 학생인권조례 때문에 학교가 이상해졌다고 이야기하는 학생도 생겨나고 있습니다. 즉, 학생인권조례의 몇 가지 오류로 인해 교육의 본질이 훼손되고, 그 폐해가 아이들에게 이어지고 있는 것입니다. 무엇이 진정 아이들을 위한 것인지 재고하여 교육의 본질이 훼손되지 않도록 개선되어야 할 것입니다.

Q4. [교권 보호]

2013년 서울특별시 교권보호지원센터가 설립되었다는 소식을 들었습니다. 교권보호지원센터 설립의 의의와 하는 일에 대해 알려 주세요.

교권보호지원센터는 말 그대로 날로 심각해지는 교권 침해에 대한 대안으로 설립된 교권 보호를 위한 공간입니다. '교권 침해'는 교원이 정상적인 교육 활동과 관련하여 학생·학부모·보호자에 의한 폭언, 폭행, 성희롱, 명예훼손, 협박, 공무집행방해 등으로 인해 교육할 권리를 침해받는 것을 말합니다. 교권보호지원센터의 역할은 다음과 같습니다.

- 교권 침해 현황 조사
- 교권 침해 예방 자료 개발

- 교권 관련 연수 실시
- 콜센터 운영 및 교권 침해 사안 접수
- 피해 교원에 대한 전문적인 상담 지원
- 피해 교원에 대한 법률 지원 및 권리 규제
- 교권보호위원회 운영 지원

 이 외에도 교권회복 및 보호를 위한 교권보호위원회를 운영하고 있습니다. 교권보호위원회는 학교운영위원회 참여 경험이 있는 학부모, 변호사, 교권 보호 정책 연구를 수행한 전문가, 학생 생활지도 경력 교원 등으로 구성되어 있습니다. 주요 기능은 교원의 교육 활동 보호를 위해 수립하는 정책을 심의하고, 학교 교권보호위원회에서 조정되지 않은 분쟁을 조정하며, '학교장 추천 전학' 조정 신청에 대한 심의 등입니다.